À CHACUNE SES 9 MOIS

Sophie Marinopoulos est psychologue et psychanalyste, specialiste reconnue de l'enfance et de la famille, fondatrice des espaces d'accueil solidaire parents-enfants Les Pâtes au Beurre. Elle est l'auteure de nombreux ouvrages parmi lesquels *Dites-moi à quoi il joue. Je vous dirai comment il va* (2009), *Elles accouchent et ne sont pas enceintes* (2011) et *Écoutez-moi grandir* (2016) aux éditions LLL.

Franck Stives est psychologue clinicien, directeur de la première antenne des Pâtes au Beurre à Nantes.

Sophie Marinopoulos
Franck Stives

À chacune ses 9 mois

Devenir mère

Illustrations de Guillaume Florin

Qui sommes-nous ?

Le réseau national des lieux Les Pâtes au Beurre s'engage en faveur de la prévention des relations familiales et de la santé relationnelle. Ce livre est un ouvrage de Santé Publique qui met en lumière l'importance de l'écoute de la vie affective et psychique durant la grossesse : 9 mois pour chacun et chacune, 9 mois toujours singuliers.

La vente de ce livre est en parti au profit de nos accueils des familles, gratuits, anonymes, sans rendez-vous et sans limite d'âge pour les enfants.

Pour nous retrouver et nous contacter :
www.lespatesaubeurre.fr
Tel : 02-40-16-06-52
Email : nantes@lespatesaubeurre.fr

Impression : Normandie Roto Impression s.a.s. (2201976)
Dépôt légal : Mai 2022
Isbn : 979-10-209-1102-5

Nos remerciements vont à toutes les futures mères et tous les futurs pères qui sont venus dans nos groupes de parole. Plus largement un grand merci à tous les parents qui nous font confiance depuis deux décennies. Leur venue en nombre dans nos lieux d'accueil Les Pâtes au Beurre, confirme l'importance de notre travail de prévention en matière de santé psychique, de santé relationnelle, que nous souhaitons voir un jour en bonne place dans nos programmes de Santé Publique. Nos remerciements vont aussi à tous les professionnels des Pâtes au Beurre qui chaque jour sont là pour accompagner les parents et leurs enfants.

BON SANG KOWALSKY! QUE SE PASSE-T-IL ICI?!
BLOODY HELL! JE PEUX DIRE ADIEU À MON BARBECUE CHEZ LES JOHNSON...
C'EST UNE FEMME PATRON, ELLE VIENT D'APPRENDRE QU'ELLE EST ENCEINTE!!
POLICE

Vous êtes enceinte

Dans votre corps ! Et dans votre tête ?

VOUS ÊTES ENCEINTE ! Vous vous en doutiez, vous en aviez terriblement envie, vous êtes surprise, ce n'est pas du tout le moment, c'est la plaie, pourquoi pas, vous ne savez pas quoi en penser, vu votre âge, c'est la grossesse de la dernière chance, jamais vous n'avez été aussi heureuse, c'est indescriptible, c'est trop flippant, ce n'est pas possible, c'est sûrement une erreur, c'est le bonheur, vous vous sentez complètement perdue, vous êtes si pressée de l'annoncer, vous voulez attendre pour le dire, vous voulez attendre et le dire, vous ne savez pas ce que vous voulez...

Vous êtes enceinte.

On va vous le dire, vous le répéter, votre corps va se

TRANS-FOR-MER !

En vous plongeant dans des livres de grossesse, vous saurez *tout* sur votre ventre élastique, vos seins arrondis, votre utérus allongé, vos manifestations hormonales diverses et variées, vos petites envies et vos gros inconforts des neuf mois de ce temps de votre vie — « si court » pour certaines, « bien trop long » pour d'autres.

Tout ? Tout ou presque. Presque tout. Soit pas complètement tout. Pas tout à fait tout. Et c'est dans ce petit « pas totalement tout » que nous vous accompagnerons. En nous appuyant sur les multiples confidences des femmes que nous rencontrons chaque jour, nous nous proposons de lever le voile sur les pensées des futures mères. De vous dire ce qui ne se dit pas.

Affirmons-le d'emblée, c'est grâce à elles, à vous, que nous avons eu envie d'ouvrir ce chapitre sur votre grossesse. Autrement. Votre corps de chair, quand il se modifie physiologiquement pendant la grossesse, est très écouté, entouré, accompagné. On aime l'ausculter, et même aujourd'hui nous pourrions dire : on en abuse. Mais votre corps psychique, celui de vos pensées, de vos émotions, de vos affects, de votre *corps du dedans* que nous les psys appelons le « corps psychique » ? Se transforme-t-il aussi ? A-t-il ses spécialistes ? Comment se modifie *un corps du dedans* ?

Ce corps, fait de pensées silencieuses, de rêveries, de fantasmes, d'angoisses, de sourires comme de grimaces intérieures, c'est un corps intime, discret. Peu habitués à le diagnostiquer, les soignants ignorent de quoi sont faits ses petits bobos ou ses plaies plus profondes. Pourtant, il existe bien. Il est en vous, et s'exprime chaque jour. Nous avons perdu l'habitude de l'écouter, mais, croyez-nous, tout comme votre corps physique, il va se dilater, s'ouvrir, se transformer, parfois craqueler, telles ces vergetures tant redoutées, puis se reconstruire. Il en sera plus mature, plus bavard, offrant des mots nouveaux à votre histoire. Au fil du temps, vous prendrez conscience que ce corps aime qu'on le prenne en considération.

Le carnet de santé de votre corps psychique est le grand thème de ces pages à venir. La santé psychique ne repose pas sur la seule notion de *bien-être.* On peut se sentir bien, en équilibre dans son être, tout en vivant des tensions internes désagréables. Ce sont avec elles que vous allez devoir composer pour garder le cap.

Toute personne connaît des périodes de fragilité, de déprime, de découragement, de colère ou de démobilisation. Elles font partie du récit de chacun. Elles ne sont pas toujours inquiétantes, loin de là. Il faut simplement apprendre à les écouter et à les admettre. C'est fou comme on supporte peu certaines expressions émotionnelles dès qu'elles dépassent une certaine intensité. Or la grossesse peut vous faire passer d'une gamme émotionnelle à l'autre, au cours d'une même journée, ou d'une semaine à l'autre, avec une intensité stupéfiante. Cette intensité peut être belle à vivre comme, parfois, plus angoissante ou plus douloureuse.

Les mères qui nous ont inspiré cet ouvrage nous ont confié que, dans leurs parcours de soin, on ne donne pas à leur état émotionnel une place pour se raconter. Et si elles rencontrent des professionnels compétents dans le monde médical, ils sont pris dans un rythme si effréné que leurs mots sont comptés. Le temps de penser aux questions que vous aimeriez poser, et paf! le rendez-vous est déjà fini. Cet empressement dû à notre modernité peut provoquer en vous des sentiments mêlés, entre reconnaissance envers le corps médical pour la qualité du suivi et mal-être intérieur pour l'absence de dialogue. C'est un bien étrange sentiment que de vivre en superposition gratitude et rejet. Ça rend le plus souvent mutique.

Vous vous sentez seule. Et pourtant vous n'êtes pas la seule.

Vos émotions, celles que vous ressentez si vivement sans oser en parler, d'autres femmes les ressentent aussi. Nous souhaitons vous transmettre, même sobrement, ce que le temps du suivi ne peut appréhender. Voici donc une forme de guide construit comme un pêle-mêle de mots qui relient les émotions des femmes et les unissent pour rompre avec la solitude de chacune d'entre vous. Alors, parlons ensemble de ces neuf mois, vos neuf mois, et partageons les ressentis des unes et des autres.

Bonne lecture.

BONJOUR ! ALORS JE VAIS PRENDRE UN BÉBÉ AVEC UNE GROSSESSE NORMALE, MAIS SANS SUPPLÉMENT DE POIDS, SANS NAUSÉES ET SANS VERGETURES S'IL-VOUS-PLAÎT...
DRiVE
PASSEZ VOTRE COMMANDE

L'annonce

Comment renforcer la confiance en soi

« L'annonce je l'ai faite immédiatement à ma mère juste après mon mari, je l'ai appelée dans la foulée. »

« Mon mari a sauté de joie quand je lui ai dit. Il a l'air presque plus heureux que moi. »

« J'ai eu besoin de garder ça pour moi toute seule pendant une dizaine de jours, même si ça se passe très bien avec mon compagnon et que je savais qu'il serait très content. »

« On nous avait dit que je n'aurais pas de deuxième enfant vu mes problèmes, j'avais fait une croix dessus, et voilà que je suis enceinte, c'est bizarre, je devrais être contente, mais tout va trop vite, je n'étais pas prête, j'avais fait le deuil. »

Alors que d'un point de vue médical il suffit de faire un test pour s'assurer de la véracité de sa grossesse, vous êtes nombreuses à nous confier vos doutes même après ce premier examen.

Ce test positif qui devrait vous rassurer, vous n'y croyez plus lorsque vous allez sur Internet où vous découvrez, abasourdie, l'existence de faux-positif — soit « le test est positif mais vous n'êtes pas enceinte ». Alors, à qui se fier sinon à la prise de sang? Mais une fois celle-ci faite, vous nous confiez que même quand les résultats confirment que vous êtes bien enceinte, vous restez sur vos gardes. Vous voulez *en avoir le cœur net*. Et dans ce but, il reste la carte de la dernière chance, la seule qui en image vous prouve qu'il n'y a plus aucun doute: « l'écho ». C'est elle qui ne se trompe jamais. Elle qui permet de hurler à la face du monde

JE-SUIS-EN-CEIN-TE!

En vous écoutant, nous mesurons à quel point cette confirmation est nécessaire. À quel point l'imagerie médicale est rassurante pour toutes les femmes qui sont enceintes. Si nous le comprenons et l'approuvons, nous voulons toutefois vous encourager à développer votre propre *savoir* sur votre corps. La science n'a pas réponse à tout. Elle ne peut pas se substituer à votre capacité à interpréter les signes de votre corps. Apprendre à être à l'écoute de vous-même vous sera utile tout au long de votre grossesse et viendra compléter le savoir médical.

Un petit jeu

Dans ce but, nous vous proposons un petit jeu. Il s'agit de vous imaginer dans un monde où tous ces moyens médicaux performants ont disparu. Vous êtes seule avec votre corps et vous vous demandez ce qui vous arrive. Nous vous proposons pour cette mise en condition ludique de créer un espace serein, d'être au calme pour passer en revue quelques questions : quels moyens j'ai de savoir si je suis enceinte ? Mes seins ? Mon ventre ? Mes émotions ? Ma fatigue ? Un ressenti diffus ? Des rêves nouveaux ? Des tensions corporelles ? Un abdomen différent ?... Prenez le temps. Posez-vous toutes les questions que vous voulez. Ne cherchez pas à les éviter, ne les jugez pas idiotes ou folles.

Ce temps, telle une conversation *entre soi et soi*, est un cheminement intime et permet de penser son corps tant physique que psychique. Il s'agit de se familiariser avec des signes internes. De se pencher sur l'intérieur de votre corps. Ce sera votre manière de rester attentive à votre corps et de faire votre propre diagnostic. Vous allez ainsi essayer de détecter vos transformations intimes. Votre suivi médical viendra, un peu comme *un bon ami qui vous veut du bien,* après, pour confirmer ou pas ce que vous avez vous-même ressenti.

La gymnastique de la confiance en soi

Une fois ce petit jeu terminé, bien entendu, tournez-vous vers votre médecin. Car il n'est pas question de vous priver de la médecine, loin de là, et l'échographie tant attendue sera un moment magnifique que nous vous encourageons à faire. Seulement, en prenant le temps de chercher ce qui pourrait vous guider dans vos ressentis, vous faites une petite gymnastique de *confiance en soi.* Vous fortifiez votre regard de future maman capable de repérer vos transformations infimes. Vous vous entraînez à décrypter ce que vous ressentez. C'est un regard intérieur fort utile. Pour la grossesse, mais pas seulement : vous verrez plus tard avec votre bébé comme vous apprécierez votre dextérité à penser vous-même ses besoins !

Un peu d'Internet, ça va, trop, bonjour les dégâts !

Ce travail ludique de concentration sur soi-même, est aussi une bonne occasion de contenir vos recherches sur Internet. Car un seul clic et tout s'emballe. Surgissent les propositions de soutien technique à la grossesse dont il est difficile de se défaire. Pas si simple d'échapper à la pression alléchante du suivi de grossesse en une simple application sur votre téléphone mobile. Même les plus récalcitrantes se disent emportées par l'appel des informations toujours plus nombreuses comme si rien ne pouvait apaiser la quête de la connaissance. Seul problème, on s'expose à lire de nombreuses histoires de mamans qui ont vécu quelques déboires et qui les racontent par le menu, dans les moindres détails. Ce bain de récits peut vite devenir totalement anxiogène et contre-productif. Ces femmes vous confient sans filtre leurs ressentis. Seules devant leur écran, elles livrent parfois une expérience brute qui aurait besoin d'un interlocuteur professionnel pour apaiser leurs ressentis, les transformer.

Ainsi, face à cette modernité si présente, notre proposition consiste à vous inciter plutôt à fortifier vos ressources psychologiques. Elles seront vos alliées. Elles vous permettront de prendre du recul face à ce déversement d'informations difficilement canalisable. Elles vous feront faire la part entre les histoires des autres et la vôtre. Elles vous permettront d'écouter ce qui leur est arrivé sans être tétanisée par l'effroi que cela vous arrive également.

Car rien de plus efficace face aux doutes et aux angoisses que de renforcer votre capacité à vous faire confiance. Votre capacité à vous différencier des autres et être vous-même.

L'idée générale que nous vous soumettons en ce début de grossesse est de rester bien accompagnée médicalement tout en permettant à la magie de demeurer. La magie du savoir que vous seule possédez. Ce tout petit moment unique, insaisissable, où le test marque « enceinte ». Ce temps suspendu qui permet de se faire confiance, qui permet de se dire « je suis sûre », qui fait naître des rêveries, des pensées intimes, une conversation secrète avec soi. Ce temps de l'intime recule l'annonce et crée un petit bonheur d'être seule.

Après cet instant, une fois l'annonce faite, tout sera autre, la grossesse sera connue, reconnue, parlée, vérifiée, mesurée, partagée — et c'est là une autre histoire.

QU'EST-CE QUE TU FAIS ?
JE SUIS ENCEINTE, DE 5 MOIS. JE PROFITE !!! ET TOI ?
MOI AUSSI JE SUIS DANS LE 5e MOIS. J'ATTENDS UN ENFANT, JE SUIS TRÈS OCCUPÉE !

À chacune son tempo!

Va doucement, tu as le temps

« Par superstition, je préfère attendre trois mois avant de l'annoncer, on ne sait jamais. »

« C'est la première fois que je suis enceinte, je suis folle de joie, et en même temps je me dis que neuf mois ça va être très long. »

« Ma mère m'a toujours dit que sa grossesse a été la période la plus heureuse de sa vie et qu'elle aurait voulu que ça dure plus longtemps! Pour moi, c'est pas du tout comme ça que ça se passe. »

Est-ce que, parce que toutes les grossesses durent neuf mois, le temps est le même pour chacune d'entre vous ? Loin d'être anodine, cette interrogation révèle la part singulière pour chaque femme de ce temps du corps enceint. La façon dont vous vivez l'écoulement du temps de votre grossesse n'est pas la même que celle de votre mère, de votre voisine ou de votre collègue. Or cette période inédite de la grossesse est prise dans une temporalité de suivi médical qui laisse peu de place à l'expression personnelle. C'est en tentant de synthétiser vos observations sur vos rapports avec le temps que nous avons perçu la complexité du sujet.

Avant l'annonce/Après l'annonce

Toutes vous nous le dites : dès l'annonce de votre grossesse, quelque chose vacille ; il y a un avant et un après ; c'est comme une parenthèse qui soudain s'ouvre dans votre vie. À peine confirmée, vous vous questionnez sur quand annoncer votre grossesse ? Par cette simple question légitime, vous entrez dans une nouvelle temporalité. Vous mesurez à quel point le compte à rebours a commencé alors que vous êtes tout juste en train de réaliser ce qui vous arrive. Vous mesurez l'existence d'un calendrier. Vous prenez conscience qu'il y a un début de grossesse et une fin de grossesse qui marquera la venue au monde de votre bébé. Vous étiez une femme et une fille. Vous allez rester une femme, mais vous allez devenir aussi une mère.

Le dire tout de suite à ses parents ou le garder pour soi ?

Et la complexité se cache dans la profondeur de ce qui vous arrive, vous la fille en passe de devenir mère. C'est votre identité même qui se transforme, vous laisse songeuse, dubitative, quand vous constatez silencieusement que les relations établies à vos propres parents, à leurs valeurs familiales, changent. Votre vision de la transmission se voit bousculer, s'accorde plus exactement à la leur. Le temps de l'annonce, c'est le temps du partage. Pour les unes, il faut dire très vite. Pour d'autres, attendre est nécessaire. Dire « son temps » revient à s'affirmer dans SA grossesse. Car même si tout votre entourage est heureux pour vous, c'est VOTRE grossesse dont il s'agit, et non pas celle de votre mère, de votre belle-mère ou de votre sœur.

Un temps identique pour toutes et un temps singulier pour chacune

Il y a ainsi deux temps qui se conjuguent. Une temporalité identique pour toutes qui s'énonce en date du terme, mois de grossesse, échéances programmées, calendrier de visites et d'échographies, mesure du fœtus au fil des mois, de votre utérus, plus tard des membres du bébé, de sa tête, sans compter le temps du passage sur la balance, plus ennemie qu'amie, qui voit ses aiguilles s'éloigner de votre poids initial, chiffrant ainsi vos transformations. Et le temps de soi dans ses envies de dire, partager ou pas ce qui vous envahit au fil de vos pensées.

Un conseil issu des femmes : ne pas favoriser une temporalité au détriment de l'autre. Ne restez pas centrée sur un agenda de suivi et de conseils sans prendre en compte votre propre maturation intime, émotionnelle, affective. Votre agenda rempli de rendez-vous médicaux, ou de discussions avec votre famille ou vos amies à propos de votre nouvel état, peut vous donner l'impression que votre temps vous est confisqué. Ce sentiment de dépossession crée le plus souvent des paniques internes, voire une fatigue intense dont vous avez bien du mal à parler.

Pour d'autres, ce quadrillage temporel peut être rassurant : il permet de contenir et de surmonter, étape après étape, chaque nouveau rendez-vous scandant une étape supplémentaire franchie, les effets parfois déconcertants de cette nouvelle aventure.

Quand certaines espèrent une grossesse ultra-rapide, d'autres la souhaitent la plus longue possible. Savourer le temps des rondeurs est pour certaines un plaisir de chaque jour, pendant que pour d'autres voir leur corps s'arrondir et s'alourdir est un calvaire dont elles veulent sortir au plus vite.

Se sentir enceinte sans avoir l'impression d'attendre un bébé, c'est possible ?

Prenons l'exemple du temps du premier trimestre. Il n'y a pas deux femmes qui le vivent de la même manière ! Pour un certain nombre d'entre vous, ce sont vos manifestations corporelles vécues comme étranges, imprévues, qui sont sources d'interrogations. L'enfant à naître est une promesse que vous évoquez peu tant votre corps vous mobilise dans ces transformations infimes. C'est pourquoi, dans notre vocabulaire, nous nommons cette période, le « blanc d'enfant ». Seule la représentation d'être enceinte occupe votre esprit. L'enfant attendu n'est pas encore représentable. Il est plus un éprouvé sensoriel qu'un bébé image, d'où ce sentiment de décalage quand on vous parle de « bébé » alors que vous êtes enceinte. C'est la même chose, pensez-vous ? Et bien non. C'est très différent. Et certaines d'entre vous restent enceintes plusieurs mois pendant que d'autres ont immédiatement le sentiment d'attendre un bébé. Ce n'est pas rien cette différence ! C'est même fondamental pour le suivi d'une grossesse et pour que le temps de chacune soit respecté. Malheureusement, ces deux notions distinctes ne sont pas à l'ordre du jour dans le suivi de grossesse lambda. En médecine, être enceinte, c'est attendre un enfant. Point barre. Si vous vous sentez peu encline à vous représenter votre futur bébé, à le rêver, et à imaginer ce que vous ferez avec lui et où vous l'emmènerez au parc à trois mois de grossesse, ne paniquez pas. Tout vient à temps !

« À trois mois de grossesse, j'avais juste l'impression de sortir d'une gastro qui n'en finissait pas, que déjà on me demandait si j'allais allaiter, si j'avais pensé au mode de garde, ça allait trop vite pour moi ! »

Garder la maîtrise de son temps à soi

Aujourd'hui, on demande à une femme enceinte de se penser sans cesse au-delà de son état et de se projeter en permanence dans le futur, afin de conserver une vie de couple épanouie, une vie de femme épanouie, une vie professionnelle épanouie, et tout ça en donnant à son futur bébé, qui n'est pas même encore arrivé, une place de choix. Vaste défi. Voilà pourquoi concilier grossesse et épanouissement personnel n'est pas une simple question de suivi médical. Une femme enceinte, pour être épanouie, doit pouvoir vivre son temps à elle en fonction de ce qu'elle est, de ce qu'elle projette de sa vie, de ses liens aux siens, de sa place dans sa propre famille.

Or, pendant la grossesse, les femmes opèrent un lent retrait de leur monde familier. Les investissements professionnels mais aussi amoureux s'en trouvent modifiés, et cela peut susciter de l'inquiétude. Vous nous le dites : vous ne vous reconnaissez plus vraiment !

Vous vous rapprochez des autres femmes, sœurs, amies ; vous faites appel aux sages-femmes, vous avez besoin de parler, de vous confier. Comme si une part de ce féminin devenant mère avait besoin de trouver des interlocutrices, des sortes de « sachantes » qui pourraient vous comprendre et vous guider. Rien de très étrange que d'avoir besoin de ses pairs dans ces grandes étapes maturatives.

Être enceinte est une forme de crise, une étape dans la vie d'une femme et aussi du couple. Mais, au niveau personnel, la femme doit pouvoir garder la maîtrise de son temps à soi, singulier, même s'il se joue dans un découpage trimestriel commun. Nous vous encourageons à créer votre propre calendrier de suivi dans celui recommandé par la médecine. Vous pouvez compter en jours, en semaines, en mois, en trimestres, mais aussi en événements personnels avec tout ce qu'ils signifient : « ce sera avant l'anniversaire de ma sœur, après le voyage de mon mari, après le bilan de ma société ».

Le temps est un espace singulier. Pour votre bien-être, prenez donc le temps, votre temps.

DOCTEUR, J'AI DES DOUTES...
MOI AUSSI MADAME MARTIN,
MOI AUSSI...

Les drôles d'idées

Naviguer en mer agitée sans s'affoler

« C'est un moment de vie où je suis plus à fleur de peau, je prends les choses plus à cœur, je vais facilement pleurer, pour un oui pour un non, pour des détails. »

« On appréhende les choses différemment sans s'en rendre compte avant... Y a des moments je vais très bien, cinq minutes après je suis très énervée, puis cinq minutes après je suis hyper détendue. »

« Ma grossesse, c'est un peu les montagnes russes, mon entourage a du mal à suivre le rythme de mes humeurs, et moi aussi, quand ça s'emballe! »

Quand on ouvre un livre de grossesse, c'est fou à quel point tout semble uniforme, identique dans le vécu de la grossesse. Les femmes ont l'air de ressentir à l'unisson la même chose au même moment. Se savoir enceintes les rend heureuses, épanouies, un peu nauséeuses, mais ça va passer, courageuses, et lumineuses, tellement lumi... STOP.

Quand nous parlons avec des femmes réunies dans un groupe de parole, nous retrouvons ce tableau presque parfait. L'une confirme ce que dit l'autre. Les mots sont comptés, collant aux images véhiculées par les médias et les guides sur la grossesse. Il y a comme un accord tacite : ne pas faire de vagues. Pudeur ? Peur d'être jugée par le reste du groupe ? Seule Florence Foresti se joue avec panache de la sensibilité féminine dans des sketches ravageurs.

Se sentir pleine d'amour et de haine, de joie et de tristesse au même moment, c'est normal ?

Et pourtant, une fois seule en entretien, les paroles sont tout autres. Se murmurent des confidences nouvelles. Nous quittons le monde consensuel fait de doux clapotis et de calme plat, à l'image d'une belle mer Méditerranée.

Se rencontrent alors des flots plus agités, parfois même houleux, où aux tempêtes succèdent les accalmies, en fonction de l'humeur du jour. Car oui, l'envie, la joie, la fierté, le bonheur peuvent être aussi faits de peur, de doute, de regret, *d'envie de partir en courant*. Et rien de plus compliqué que d'aimer et de haïr en même temps. Adorer être enceinte et détester son état. Se sentir remplie d'amour pour son bébé à venir mais pleurer de rage en imaginant dans quelle dépendance sa venue au monde nous met. Nous parlons *d'ambivalence* pour nommer des sentiments opposés qui cohabitent. En parler libère d'un poids et vous rend moins seule.

Être heureux, ça n'est pas nager dans le bonheur non stop !

Aller avouer dans un diner entre amis ou à votre gynécologue, vos collègues, que tout à coup vous regrettez d'être enceinte alors que vous sentez que vous aimez votre futur bébé, ou que vous êtes folle de joie d'être enceinte mais que vous iriez bien, comme au bon vieux temps, aller faire la fête avec vos copines. Tout oublier de votre situation, n'est pas un aveu facilement partageable. Désirer et refuser en même temps hum hum... Sacrée confidence !

Et pourtant là est le vécu intime de la femme enceinte. Cette part obscure de vous-même vous semble totalement incompatible avec nos représentations sociales de ce que devrait être, de ce qu'est forcément (hum hum), la maternité heureuse. On pense à tort qu'être heureux c'est nager dans le bonheur et dans les pensées positives uniquement. Et voilà pourquoi parfois vous vous sentez seule. On ne veut connaitre qu'un aspect de vous.

Alors si vous éprouvez cet étrange mélange d'émotions, pas de panique. Tout va bien.

Oser parler de ses pensées bizarres ou douloureuses

Maintenant juste une recommandation : pour que ce sentiment ne se transforme pas en votre ennemi numéro un, à savoir la culpabilité, et en numéro deux, la honte, parlez-en ! Parler n'est pas déverser, ni se plaindre de tout et à tous en permanence. Parler revient à dire à un autre que soi. Un autre capable de contenir les paroles quelles qu'elles soient — même les paroles qui vous semblent les plus bizarres, les plus douloureuses, les plus honteuses. D'où l'importance de partager ces émotions avec un spécialiste de la parole, qui peut entendre ce que la famille ou les amis ou les collègues ne sont pas toujours en mesure d'entendre. Car une fois les choses dites, entendues, et reçues, on en modifie le destin. Vous devenez alors actrice de vos pensées qui, loin d'être des ennemies quand elles vous paraissent négatives, peuvent prendre leur place, au même titre que n'importe quelle autre de vos pensées, c'est-à-dire s'apaiser.

Toute femme enceinte a besoin de se sentir bien avec elle-même et de s'accepter totalement. Il est essentiel que vous ne vous jugiez pas négativement. N'ayez pas peur de vos émotions, bien au contraire. En acceptant vos pensées, vous ferez reculer ce sentiment de peur de ne pas être « LA » bonne mère. Vous laisserez la place à la confiance.

La confiance en soi, en ses ressources, en sa maternité à naître vous appartient.

Aussi si l'exercice vous semble parfois insurmontable, ayez le réflexe de venir partager vos craintes pour qu'elles ne vous envahissent pas. Ce petit geste vous rendra maître de votre santé et favorisera votre épanouissement.

ALLEZ, APRÈS LES SOINS PHYSIQUES, LE SOIN PSYCHIQUE.
J'EN AI UN GRAND BESOIN !
ANTI CECI
ANTI CELA
ANTI VERGET
DISCUSSION
ÉCOUTE
PARTAGE
ON EST LÀ
ÉCHANGES
VOUS N'ÊTES PAS SEULE

Ma peau

Hein!? Quoi!? J'ai une peau psychique!

« Plus je vois mon corps se transformer, plus je sens que je suis en train de craquer à l'intérieur de moi. »

« J'ai déjà pris douze kilos, le médecin m'a dit que je devrais clairement refréner mes appétits, mais moi qui ai toujours été la maigrichonne de service dont tout le monde se moquait à l'école, je suis tellement fière de pouvoir enfin être grosse! »

« J'ai peur de ne jamais redevenir comme avant. J'ai l'impression d'être plus molle de partout, pas seulement du corps, mais aussi du cerveau. »

Elle fait quelques pas en avant, puis trois pas de biais, recule, avance, recule encore et lance, consternée, face au miroir devant lequel elle a tenté, en vain, de modifier son image : « j'ai l'air d'une baleine échouée ». Le constat fait, Inès se recouche, et s'ensevelit sous ses couvertures jusqu'à y disparaître tout à fait, rêvant qu'une bonne fée va se pencher sur sa détresse et lui redonner un corps de rêve. Elle le voit. Elle le veut. Ce corps idéal, oui, celui-là et pas un autre. Celui qu'elle a vu sur la couverture de ce magazine dédié aux futures mamans. La jeune femme devait avoir son âge, les cernes en moins, les vergetures en moins, les kilos en moins, le teint plus lumineux, les rondeurs comme il faut là où il faut, des jambes fines au galbe parfait. La même si différente.

Vouloir un beau bébé tout en gardant un beau corps, ça n'est pas futile !

Cette femme était si belle enceinte ! Si active, pétulante et pleine de joie et de désirs, dans l'article relatant ses journées. Où vivent ces femmes de papier ? De quel monde viennent-elles ? Si c'est une Terrienne, qu'on la lui présente tout de suite.

Inès se sent blessée, trompée, humiliée, prête à exploser, et supporte chaque jour encore moins les compliments sur sa fertilité heureuse. « C'est une bonne nouvelle », entend-elle sans cesse quand elle annonce le bébé à venir. Inès veut se boucher les oreilles et hurler : qu'est ce qui est une bonne nouvelle ? Sa dernière vergeture juste au beau milieu du ventre, ou ses douleurs dorsales qui ne se calment jamais et donnent à son visage un air de papier mâché ? On trinque à quoi exactement ?

Elle repense à sa gynécologue à qui elle demandait des conseils pour *surtout éviter les vergetures*, le top 10 de ses angoisses. Le « on n'a rien sans rien » de la spécialiste est tombé comme un couperet, la mettant dans une rage sourde. On l'a prise pour une midinette attachée à son image, une femme futile bien plus préoccupée par sa peau que par la santé de son bébé. Eh bien oui, elle revendique de vouloir un beau bébé tout en gardant un beau corps. Elle se sent soudain l'âme d'une militante prête à tout pour que son suivi médical prenne en compte son état psychologique. Elle attend de son médecin qu'il comprenne que l'image c'est un bout exposé « du soi », et qu'avoir une bonne image d'elle n'est en rien futile. Elle en a viscéralement besoin pour que sa grossesse se déroule dans les meilleures conditions.

Être à l'écoute du corps du dehors et du corps du dedans

Recluse dans l'obscurité de sa colère, Inès se crée un suivi rêvé de grossesse, celui qui prend en compte le corps du dedans et celui du dehors. Celui qui parle des bobos du dedans et ceux du dehors. Le suivi rêvé s'intéresse à la hauteur de son utérus et à la qualité de sa peau. Il s'assure que son col est bien fermé et ses émotions équilibrées. Et condition première de son suivi, son docteur imaginaire a du temps! Le temps des mots, le temps pour qu'elle puisse formuler la question inutile, fantaisiste, puérile ou imbriquée dans ses peurs, qui l'autre jour lui est passée par la tête et dont elle n'a pas osé parler ni à ses proches, ni à ses collègues. Le doc de ses rêves, il parle! Il ne l'infantilise pas. Il ne la juge pas ni ne lui fait la morale. Il ne lui fait jamais sentir qu'elle lui fait perdre du temps ou qu'elle le dérange. Même quand elle lui demande si elle peut faire une fausse couche quand elle éternue. Eh oui, la question existe et elle est légitime. Qui n'a pas un jour imaginé que son corps pourrait lâcher sous la pression de l'éternuement. Que son corps pourrait craquer sous une pression trop lourde. Allez, que celle qui n'a jamais fauté lève le doigt!?

C'est quoi, la peau psychique ?

Que voilà donc un drôle de chapitre ! Certes, mais il est incontournable. Car la peau est au cœur des questions des femmes. Elles craignent, vous craignez que « ça s'élargisse trop », que « ça craque » pendant la grossesse, et les produits cosmétiques l'ont bien compris : on trouve désormais en parapharmacie comme au supermarché ou sur Internet, des tonnes de crèmes, huiles, gels, et autres onguents pour fortifier l'élasticité de la peau, la souplesse, nourrir en « profondeur ». Les conseils sont détaillés sur chaque boîte et promettent de prévenir les *vergetures*. L'ennemi numéro un de la femme enceinte, soucieuse comme toute femme de son apparence. Soyons clairs : s'aimer ne va pas de soi et perdre l'image de soi est une atteinte directe de l'estime de soi, de l'amour que l'on se porte. Aussi, prendre soin de son corps n'est sûrement pas un petit sujet pour midinette en quête de coquetterie. Pourquoi ? Parce que, ça va vous surprendre, mais en plus de votre peau physique, vous en avez une autre, *la peau psychique*. Voilà c'est dit, c'est lâché et nous nous jetons à l'eau pour vous en dire plus.

Soyons clairs, les femmes qui accompagnent nos pensées dans cette écriture ne nous l'ont pas confié ainsi. Non, ce ne sont pas leurs mots, mais les nôtres. En parallèle des paroles des femmes, nous avons pris le soin de lire de nombreux auteurs qui pouvaient nous aider à décrypter les ressentis confiés. Des auteurs spécialistes du corps psychique, de ce corps que vous ne voyez pas mais que vous connaissez par ses manifestations faites de vos émotions, de vos pensées, de vos fantasmes, de vos ressentis, de votre imaginaire...

Parfois, il y a des choses qu'on tait, mais le corps les dit à notre place. Le corps psychique, c'est un corps qui dit l'intime. Un corps complexe qui peut utiliser vos humeurs, votre chair, votre comportement pour s'exprimer. On parle alors d'expressions somatiques, émotionnelles, comportementales. Des expressions qui ne sont pas toujours très simples à comprendre tant nous sommes des individus complexes. Nous avons toutes une histoire qui nous caractérise et tous les événements de nos vies viennent plus ou moins bousculer l'équilibre que nous avons acquis. L'annonce d'une grossesse en fait partie.

Et si je craque à l'intérieur de moi, que faire ?

Par exemple, même si votre corps physique tient le coup, la peau psychique, celle de vos pensées, peut être très sollicitée au premier trimestre et même se craqueler sous l'effet de l'annonce de la grossesse. Le bouleversement est tel que votre appareil à pensées, qui a pour rôle de les contenir, se voit profondément effracté. Votre peau psychique craque et ne contient plus vos émotions. Celles-ci, livrées à elles-mêmes, se manifestent, s'extériorisent par des expressions d'angoisse, des pleurs soudains, des coups de colère, une fatigue que vous n'aviez jamais ressentie. « Ce sont les hormones », vous dit-on. Peut-être, mais pas seulement. Comme pour le corps physique, ces manifestations émotionnelles ne sont absolument pas de votre faute et ne présagent pas de problème particulier. Par contre, elles méritent une attention spécifique. Être bien entourée, bien écoutée est une bonne prévention. Trouver ceux qui ont les justes mots, l'oreille bienveillante, l'écoute enveloppante. Ces qualités favorisent ce que nous appelons la fonction de contenance. Ce rôle est indispensable pour éviter à la peau psychique de se craqueler.

Dans la vie, on traverse parfois des moments plus grands que nous. Accepter que les grands moments de la vie soient des moments de fragilisation et de vulnérabilité, même quand cette grossesse a été ardemment désirée et parfois programmée, n'est pas un aveu de faiblesse. C'est une force. Aussi, ne vous inquiétez pas mais ayez les gestes préventifs. Osez parler de vos émotions, surtout celles qui vous dérangent.

NOOON !!!
STOP !
PENSE POSITIF,
PO-SI-TIF !
POUR LE BÉBÉ.
AVIS DE CONTRAVENTION

Deux en un

Fusion-confusion — qui est qui ?

« Je n'ose pas penser que j'en ai marre d'être enceinte parce que j'ai peur que mon bébé entende mes pensées. »

« Est-ce que je suis obligée d'être toujours de bonne humeur pour que mon bébé se sente bien dans mon ventre ? »

« Depuis que je suis enceinte, je me sens comme la reine du monde. Mon bébé et moi on ne fait plus qu'un. »

La relation que vous pouvez avoir avec votre bébé en intra-utérin est un vrai — grand — sujet sur lequel bon nombre de scientifiques se sont penchés avec tout le sérieux de leurs recherches. Ce qui se passe entre vous et lui les passionne. Qui est-il au fil de ces mois ? Que ressent-il ? Que peut-il percevoir du monde extérieur ? Quand il bouge dans votre ventre, vous parle-t-il déjà ?

Mais derrière ces questions sur les compétences du fœtus, sur ce qu'il entend, ressent, vit... une question demeure : LA question des futures mamans. Et comme elle nous est posée régulièrement, nous vous la soumettons.

Vous êtes nombreuses à vous demander quels effets VOS sentiments peuvent avoir sur l'état psychologique de votre bébé en intra-utérin. « Est-ce que mes pensées peuvent nuire à mon bébé ? » Question qui, tantôt vous semble « bête », tantôt essentielle...

Et cela est bien légitime tant il y a un désir commun à toutes les futures mamans de porter en elles le meilleur pour leur enfant. Pas seulement en termes de confort physique, en trouvant les gestes préventifs pour votre corps enceint, ou en apportant de bonnes choses à votre bébé via votre alimentation saine. C'est aussi votre santé émotionnelle qui vous interpelle. Sur ce champ, les scientifiques sont moins prolixes. Mais il est vrai que définir une bonne santé émotionnelle est peu habituel. D'ailleurs, est-ce sourire aux anges du soir au matin et donc passer de bonnes ondes à son bébé ? Est-ce avoir des « pensées positives » pour reprendre une expression à la mode ?

Face à ces interrogations, une question centrale se cache : « quelles conséquences sur mon enfant si je ne suis pas dans une béatitude 24H/24 ? »

Mon bébé est-il une partie de moi ou une personne différente ?

C'est suffisamment important pour que nous partagions ce doute et que nous abordions, ensemble, la place de votre bébé dans votre pensée. Et, oui, la réponse est dans votre question. On s'en explique.

Commencez par vous demander quelle image vous avez de l'enfant que vous portez. Est-il une part de vous ou un être différent ? Prenez votre temps avant de nous répondre. Ce premier niveau de réflexion est important pour la suite. En effet, votre représentation singulière de votre bébé va vous permettre, en parallèle de tous les savoirs scientifiques sur le développement du bébé, de vous donner un premier niveau de réponse.

Démonstration !

Pour certaines d'entre vous, être enceinte est un état qui relève d'une telle fusion que vous aurez tendance à penser que vous et votre bébé ne faites qu'un. Que votre état est le sien, et donc que votre vie émotionnelle est la sienne. Que vous êtes au final une seule et même personne, animée par les mêmes émotions. Normal selon vous, puisque votre bébé ressent tout ce que vous éprouvez. En quelque sorte, il est vous. Dans ce cas de figure, il n'y a pas de différenciation possible et l'état de l'un fait l'état de l'autre sur le modèle transfuseur/transfusé. « Je suis donc il est. »

Pour celles qui arrivent au fil du temps à se représenter leur bébé comme un être différencié, ayant sa propre vie bien qu'en lien étroit avec elle, les choses vont se présenter différemment. Si vous êtes de ces femmes, vous serez plus à même d'entendre que votre émotion n'est pas un liquide qui s'infiltre sans discontinuer dans votre enfant. Que votre bébé est un être en développement, que son système sensoriel se développe et se crée son propre univers au fil des mois. Ce raisonnement crée une distance qui laisse de l'espace à un autre différent.

Votre bébé n'est pas vous, mais bien un être qui habite chez vous. Il ressent votre corps et le vit avec sa sensorialité. Il éprouve le fait de vivre, il se sent « être » grâce à ses canaux sensoriels. Vos mots, vos gestes, vos pensées, qui interprètent ses mouvements nourrissent votre lien. Et ces liens si nouveaux transforment ce bébé attendu en votre bébé. Il devient fille ou fils, prêt à prendre sa place parmi vous. Des prénoms surgissent de vos rêveries en même temps que vous lui accordez des traits de caractère. Ainsi se construit doucement votre famille.

En dehors de toute approche scientifique de la médecine fœtale, nos observations de vos vécus reposent sur vos interprétations singulières. Elles ont une place légitime dans vos suivis de grossesse.

COMME JE VOUS LE DISAIS DONC, C'EST ENTRE LE 5E ET LE 6E MOIS QUE SE DÉVELOPPE L'AUDITION FŒTALE, ET...
OUI DOC' T'AS RAISON, J'ENTENDS TOUT ! C'EST CHOUETTE LA VIE !
LA MYÉLINE C'EST MA COPINE, ET MON CERVEAU C'EST MON POTO !

Maman pense, bébé grandit

Le chantier du développement

« J'ai l'impression que mon bébé fait des petits bonds quand il entend la musique que j'écoute. »

« L'autre jour, j'ai parlé à mon bébé, et tout de suite après mon ventre a bougé. J'ai l'impression qu'il m'a répondu ! »

« Est-ce que mon bébé sent la main que je pose sur mon ventre ? »

La vie de votre bébé dans sa chambre utérine est incroyablement riche et il est fort occupé à peaufiner sa naissance. Nageur émérite, au fil des mois il prend de l'assurance et peut jouer de ce corps flottant. Loin d'être oisif, il a un travail de dingue dès le premier trimestre pour se développer, en commençant par se concentrer sur le développement de son ectoderme, qui va lui permettre la mise en route de tout son système sensoriel. Une étape importante pour votre relation, en particulier quand il s'agit de la maturité de ses connecteurs cutanés qui vont lui assurer ses premiers ressentis au niveau de ses lèvres, des paumes de ses mains, de ses pieds.

À 20 semaines, il découvre la sensation des chatouilles sur son corps et il est aux anges! Il joue alors à nager ou se coller contre la paroi utérine pour s'offrir un petit massage gratteur. Il en raffole et aime recommencer pour votre plus grand plaisir quand ces activités tombent au moment de l'échographie. D'autant que ce spectacle vous fait parler, et ce qu'il adore pardessus tout, c'est justement que vous vous adressiez à lui.

Oui, on peut parler à son bébé quand il est encore dans le ventre. Et vos voix le nourrissent tout autant que son liquide amniotique. Il entend la voix de maman 5/5 de l'intérieur et de l'extérieur. La voix de papa, plus basse, vient de l'extérieur, comme un nouveau jeu à saisir. Et il se rend très bien compte que ça n'est pas la même que la voix de maman. Bébé est ainsi attendu dans un monde où les mots ont une immense importance. Ces mots qui le précèdent le nomment, le caractérisent et ces discussions sans fin au-dessus de votre ventre sur « à qui va-t-il ressembler » ne sont pas sans l'amuser. Alors, ne soyez pas pudique et adressez-vous à lui. Apprenez à faire les choses pour le plaisir sans avoir en retour la certitude de maîtriser tout ce que cela lui apporte. Ne cherchez pas à savoir ce que dit la science, créez votre propre expérience et faites avec ce que cela vous procure. Si, quand vous touchez votre ventre, vous le sentez plus en mouvement, que cela vous plaît et provoque l'envie de parler à votre bébé, faites-le. Dites-vous seulement que si cela vous apporte quelque chose à vous ainsi qu'à son papa, il ne faut pas s'en priver. Cela rend votre bébé plus présent à vos côtés, cela le fait naître dans vos pensées et votre attention est, de fait, différente.

Parler, c'est nommer, penser, imaginer, raconter. Ne mésestimez pas la force des mots adressés. Votre histoire de mère et l'histoire de votre enfant commencent au cœur de leur énonciation, dans ce moment de mystère et d'attente. Vous ne connaissez pas votre bébé mais vous l'espérez, et plus tard, quand il sera né, quand à son tour il aura les mots pour se dire, il viendra tout contre vous et vous demandera : « Tu me racontes une histoire ? » « Quelle histoire ? » « Celle de quand j'étais dans ton ventre. »

Il était une fois...

BÉBÉ ! MON APPLI ME SIGNALE QUE TU AS 2 HEURES DE RETARD SUR TES COURS DE CHINOIS...
Mon instinct maternel.com
FORUM
NE VOUS POSEZ PAS DE QUESTIONS ! ON LE FAIT POUR VOUS
MUMMY IS NOT HAPPY BABY !

Mon coach m'a dit...

Touche pas à ma *touch attitude maternelle*

« Tu te ressers encore ? Si j'étais toi, j'arrêterais. »

« Tu as essayé le yoga prénatal ? Franchement, tu devrais. »

« J'ai un super coach de vie qui m'a dit que le mieux, c'est que tu parles anglais à ton fœtus pendant une heure, chaque jour, comme ça, il sera bon en langues. »

« Tu devrais lui faire écouter de la musique classique. »

Depuis que vous avez commencé à annoncer votre grossesse, vous êtes assaillie de conseils : vous sortez de vos rendez-vous médicaux avec une tonne de prospectus, de recommandations et d'interdits ; votre entourage familial ou amical vous transmet tous les « bons plans » ; vos excursions sur Internet vous amènent à vous égarer sur des sites tous plus attrayants les uns que les autres ; sans compter les réseaux sociaux, qui guettent vos recherches sur le thème de la grossesse et vous envoient une multitude de liens. *L'infobésité* est en marche !

Cours d'anglais pour fœtus, alimentation bio, langue des signes pour bébé… Quand trop de conseils tuent votre créativité

Tandis que certains principes sont basés sur des connaissances scientifiques indéniables, bon nombre des conseils que vous lirez ou entendrez ne sont pas toujours aussi fiables et finissent par se contredire les uns les autres. L'ère du paradoxe est née, celle qui dit aux femmes enceintes, « il faut grossir et garder la ligne ». Simple, non ?!

Car toutes ces informations nouvelles qui vous passionnent dans un premier temps induisent au fil des jours une forme de mal-être. Pire ! Une peur allant jusqu'à créer une culpabilité naissante de crainte de mal faire. Car comment répondre à toutes ces injonctions ? Comment remplir toutes les cases de la femme enceinte parfaite ?

Cette accumulation de conseils sous-entend qu'il faudrait tout réaliser à la perfection. Au programme, et bien entendu sans bousculer votre vie professionnelle, amicale et conjugale, vous organiserez des cours d'anglais pour votre fœtus au travers de la paroi utérine ; vous réaliserez plus tard vous-mêmes tous les petits pots de votre enfant (100 % bio et faits maison) ; vous commencerez à vous familiariser avec le langage des signes qui vous permettra dès sa naissance de faciliter les interactions entre vous et votre enfant...

Comment ne pas s'épuiser avec un tel emploi du temps ? Comment pourriez-vous faire le tri ? Garder que ce qui vous correspond réellement ?

Le choix est si complexe dans cet univers nouveau qu'il est difficile de savoir ce qui est indispensable ou futile.

Bien des mères nous confient qu'elles essaient désespérément de suivre l'ensemble de ces méthodes comme si toutes étaient incontournables. Leurs témoignages sont saisissants, décrivant par le détail leur volonté de bien faire, vaille que vaille. Un sens de l'abnégation qui les conduit sur le chemin de l'épuisement.

« Comment ne pas passer à côté de l'essentiel ? » questionne chacune d'entre elles quand nous les écoutons. Seule ou en groupe, elles évoquent ce défi auquel on les incite et qui les attire. À travers leurs mots, nous observons que des coachs qui ne disent pas leur nom, et qui se cachent derrière ces méthodes, leur font perdre la tête et leur bon sens.

Quels mots pour accompagner votre suivi ?

En écoutant les futures mères prises dans les filets du coaching de la « bonne mère », nous avons envie de redonner à votre suivi les seuls mots qui peuvent être essentiels à ce temps de grossesse et vous permettre de créer votre propre carnet de santé :

– Prendre le temps

– Apprendre à se reconnaître

– S'ajuster et se réajuster chaque jour

– Écouter vos propres ressentis, les décrypter pour comprendre votre corps et votre bébé encore si mystérieux dans sa chambre utérine.

Nous sommes conscients que toutes ces méthodes et conseils dont vous nous parlez, distribués à volonté, s'apparentent à de séduisantes bouées de sauvetage au premier abord. Leurs directives claires et directes peuvent se montrer rassurantes, elles évitent de trop se questionner, de se prendre la tête sur son histoire, de se recentrer sur soi-même, et même elles canalisent les premières angoisses qui surgissent depuis que vous vous savez enceinte. Pourtant, les questions nouvelles ne manquent pas de vous envahir, avec en leur centre l'histoire de votre enfance qui vous rattrape. Parfois, on peut entendre des futures mères dire : « je n'ai pas envie de creuser dans mon histoire et parler de mon enfance, je veux juste bien vivre ma grossesse, sans me prendre la tête. » Les méthodes de coaching valorisant le « bien-être » sans « prise de tête » ont de quoi tenter. Mais il faut ne pas en être dupe. Ces méthodes sont censées fonctionner pour tout le monde. Ces méthodes ne considèrent pas votre histoire, vos différences, votre singularité. Elles ne vous prennent pas en compte. En effet, ces conseils adressés à l'ensemble des parents vous laissent croire que chaque famille, chaque parent, chaque bébé a exactement les mêmes besoins. Or, de même que vous n'êtes pas une femme standard, il n'y a pas une famille standard, une parentalité standard, un bébé standard.

Halte à l'uniforme ! Préférez le sur-mesure !

Alors, confidence pour confidence, ne semble-t-il pas plus judicieux d'aller à la rencontre de cette mer un peu agitée ? D'en parler avec des personnes qui vous sont chères ? Ou lorsque ces pensées sont trop envahissantes pour vos proches, avec un professionnel qui connaît bien ce corps psychique, celui du dedans ?

Cette voie, certes plus abrupte, puisqu'il s'agit d'aller à la rencontre de soi-même, est un bon remède contre l'engourdissement qui vous guette en répondant mécaniquement aux recettes proposées.

Prendre une tenue à sa taille, à son goût, n'est-ce pas plus sûr que d'enfiler n'importe quel vêtement ? Préférons-le sur mesure, adapté à soi, d'emblée plus confortable. Vous verrez, vous serez bien plus spontanée et bien plus naturelle, vous aurez davantage de facilité à vous ajuster et réajuster dans vos envies maternelles. C'est grâce à votre écoute, votre observation et vos ressentis que cette maternité personnalisée pourra prendre place.

Soyez tolérante avec vous-même et laissez-vous le temps de trouver progressivement votre *touch attitude maternelle* !

COMPTE SUR MOI MA FILLE !
JE VAIS T'APPRENDRE À DEVENIR UNE BONNE MÈRE !
?!

Ma mère m'a dit

Avec ou sans ? Avec et sans !

« C'est elle, en tant que maman, que je vois différemment. Plus je grandis, plus je remonte en arrière, pour me rappeler comment ça s'est passé pour moi lorsque j'étais enfant. »

« Quand j'appelle ma mère, je ne lui parle que du positif, sinon j'ai trop peur qu'elle s'inquiète. Je ne veux surtout pas qu'elle s'inquiète. Je la préserve. »

« Ma mère a l'air tellement heureuse que je sois enceinte qu'on dirait que c'est à elle que ça arrive ! »

« C'est dans ces moments-là qu'elle me manque le plus, que son absence m'est le plus difficile. Vous croyez que je devrais l'appeler et lui dire et qu'on se réconcilie ? »

Ah, les mères ! On pourrait écrire des encyclopédies entières sans réussir à épuiser le sujet. Passionnantes, intrigantes, horripilantes, envahissantes, égoïstes, subjugantes, énervantes, absentes... la liste ne s'épuiserait jamais ! Alors inutile de continuer plus longtemps et parlons de VOTRE mère. Enfin, parlez-nous de votre mère. Celle par qui tout arrive, celle que vous cherchez si souvent à fuir ou à protéger. À fuir et à protéger. D'ailleurs, soyez bonne joueuse : quand vous attendez un enfant, il faut moins de cinq minutes pour que la question de votre propre mère vienne dans la discussion. Dès l'annonce, vous êtes préoccupée : quand lui dire ? Trop tôt, elle risque de se faire du souci ; trop tard, elle va se sentir exclue de votre joie. À l'image de l'enfant que vous étiez, vous voilà à nouveau prise dans la recherche effrénée de bien faire, de tenter de lui plaire, soit en la protégeant d'une inquiétude possible, soit en cherchant à ne pas la contrarier.

Le lien à sa mère est pour la femme devenue adulte un lien complexe. Sans qu'il y en ait une conscience réelle, des enjeux de protection mais aussi de rivalité sont à l'œuvre. Et l'annonce faite engage entre votre mère et vous des relations nouvelles.

Devenir mère et avoir une mère

Certaines d'entre vous affirment craindre ce moment, comme si en devenant mère à leur tour elles venaient quelque part provoquer leur mère sur leur propre terrain. Bien entendu, les choses ne se disent pas ainsi, mais la petite phrase tant entendue — « je me demande bien comment elle va réagir » — en dit long sur l'intimité de ce lien mère/fille.

D'autres affirment que leur mère ne va pas supporter ce changement à venir, comme s'il menaçait un acquis, un territoire qui lui appartenait et qu'elle conservait jalousement.

La jalousie est une composante des liens qui unissent une mère et sa fille. Une jalousie qui, parfois, tel un pesant fardeau, vient surtout dire à quel point il est difficile de se différencier, c'est-à-dire de se séparer. Et ce n'est pas une pensée tordue de psy qui vous parle, mais bien vos propres confidences. La crainte de ne pas réussir à se différencier de sa propre mère est une préoccupation majeure. Ne pas vouloir être comme sa mère, ou au contraire vouloir lui ressembler, est une même et seule question : comment devenir soi en prenant une voie identique, celle de la maternité ?

Si vous pensiez que la grossesse allait seulement vous conduire sur des questions de kilos, de vergetures, de choix de péridurale ou pas et d'allaitement ou pas, détrompez-vous. La grossesse, c'est aussi faire face à des questions existentielles. Du « qui suis-je ? » à « qu'est-ce que je vais devenir ? », vous allez devoir plancher et raisonner/résonner sans aucune réponse échographique ou examen rationnel que vous offre la médecine pour votre corps enceint.

Trouver la bonne distance avec sa mère

La filiation féminine demande justement ce courage de plonger au cœur de soi et le programme pour une fille en passe de devenir mère, c'est de construire une juste distance avec sa mère. Cela revient à quitter l'idée de chercher à être identique ou différente. Il ne s'agit ni de fuir un modèle ni de coller à celui-ci. Compliqué mais nécessaire pour concilier ce que nous appelons une identification positive à sa mère et un apaisement dans la rivalité féminine. D'accord, l'expression est un peu intello, mais très utile pour prendre des décisions dans le lien mère/fille. Savoir qui est votre mère pour vous, permet de penser la place qu'elle va occuper à vos côtés pendant ces neuf mois, mais aussi après.

Et votre conjoint peut jouer un rôle intéressant sur cette question, d'une part parce que, en étant l'interlocuteur de vos pensées et de vos réflexions, il met une distance avec vos émotions concernant le lien à votre mère ; et d'autre part, parce que sa parole est différente de la vôtre, de celle de votre mère, et donc favorise des interprétations différentes. Elles vous feront voir les choses sous un jour nouveau.

Quand vous étiez enfant, votre père a sûrement joué pour certaines d'entre vous cette fonction. Celle de séparer, de produire de la distance et permettre de se dégager de l'envahissement que les liens d'amour entre une mère et sa fille produisent. Qui dit amour ne dit pas seulement douceur des sentiments. L'amour peut être une chose dévorante, et désagréable dans sa partie haineuse. Bien que personne ne supporte cette idée, le savoir est, croyez-nous, un soulagement pour tous. Il rappelle qu'on peut rejeter une part de l'autre en l'aimant profondément. Détester et respecter en même temps. La haine est aussi passionnante que l'amour, mais ce petit livre modeste n'est pas en mesure de faire l'éloge de la haine, seulement de la réhabiliter comme appartenant aux émois de notre humanité. Quand on la reconnaît, on la contrôle et on la contient. Alors, n'hésitons pas à regarder en face de quoi nous sommes faits, nous les *Homos sapiens sapiens*. Et à en profiter pour rendre aux mères ce qui leur appartient. À méditer!

UN CÂLIN MA CHÉRIE ?
GRRRRRRRR !!!

Sexe ou pas sexe ?

Vous avez dit malaise ? Comme c'est bizarre

« J'ai tout le temps envie de faire l'amour mais mon mari a peur de faire mal au bébé. »

« Depuis que je suis enceinte, ma libido est au point mort. Est-ce que ça va durer comme ça jusqu'à la fin ? »

« J'ai peur que mon conjoint regarde les autres femmes si on ne fait pas l'amour pendant que je suis enceinte. »

L'heure est grave... à moins que ce ne soit le sujet pour que vous soyez aussi peu bavarde sur la question. Du moins en groupe. Seule en consultation, vous vous montrez plus curieuse, plus questionnante, révélant vos désirs comme les pannes de votre conjoint, ou à l'inverse votre souhait d'être tranquille, perturbée par les demandes répétées de votre compagnon. Ce questionnement est propre à chacune et demande du temps pour y répondre. Quelle place accordez-vous à la sexualité dans votre vie de couple ? Et à la tendresse ? Est-ce que l'amour et le désir, pour vous, c'est la même chose ou deux choses très différentes ? Il n'est pas question de dicter sur un mode professoral que la sexualité est autorisée ou interdite, mais plutôt de comprendre comment la question de votre intimité conjugale se trouve interpellée.

Parmi les témoignages que vous nous apportez, il est souvent question de peurs pour le « bébé », non pas au regard de la réalité de celui-ci, mais plutôt au regard de l'idée que vous vous faites de son existence. Très concrètement, que vous soyez enceinte de deux, trois ou six mois, vos propos peuvent être les mêmes. Cela témoigne bien de la vie psychique de chacun, et c'est d'elle dont nous devons tenir compte lorsque la peur s'invite.

Oser en parler à son médecin

Ces inquiétudes viennent parfois de vos propres pensées, ou bien vous nous rapportez celles de vos conjoints. Il est question de la crainte de gêner le bébé ou de le déranger, ou bien encore de le blesser. L'idée d'une possible interruption de la grossesse du fait d'une sexualité répétée n'est jamais loin de vos interrogations.

En parler est l'occasion de comprendre comment vous imaginez votre sexualité en période de grossesse. Comment celle-ci peut devenir autre, se réinventer, le temps des quelques trimestres à venir. Mais c'est aussi l'occasion d'entendre comment le fœtus habite votre corps, comment il est protégé dans sa chambre utérine et que votre intimité ne pénètre pas la sienne. Le fantasme de pénétration est très présent dans vos témoignages, alliant ainsi les craintes de perte, de chute, comme si le plaisir charnel était incompatible avec la vie fœtale.

Oser en parler avec son conjoint

Questionner son médecin ne règle pas l'entièreté de votre interrogation mais permet de mettre une première distance par rapport à vos angoisses ou vos doutes. C'est un point de départ pour discuter avec votre conjoint, à deux, des formes de tendresse que vous souhaitez vivre pendant le temps de la grossesse. Comment vous pouvez envisager une nouvelle sexualité tout en tenant compte de cette période particulière : fatigue, sentiment de lourdeur, douleurs multiples s'invitent régulièrement dans vos descriptions comme faisant barrage à l'intimité. Ce sont autant de réalités que vous devez partager avec votre compagnon.

Ces neuf mois sont certes une parenthèse qui appelle à des formes de prudence et conseils. La sexualité n'échappe pas à la règle. Toutefois, gardez ensemble une capacité de dialogue et ne vous enfermez pas dans le sentiment qu'un éloignement se crée et que c'est là une fatalité, la fatalité de toutes les femmes enceintes. Ne pas souhaiter de sexualité, par exemple, doit pouvoir se parler afin d'éviter à votre partenaire des inquiétudes galopantes. À l'inverse, vouloir maintenir une sexualité demande une compréhension de ce moment spécifique qu'est la grossesse. La sexualité n'est pas un tabou et elle doit pouvoir vivre au rythme de votre couple dans le respect de chacun en maintenant toujours des échanges en confiance.

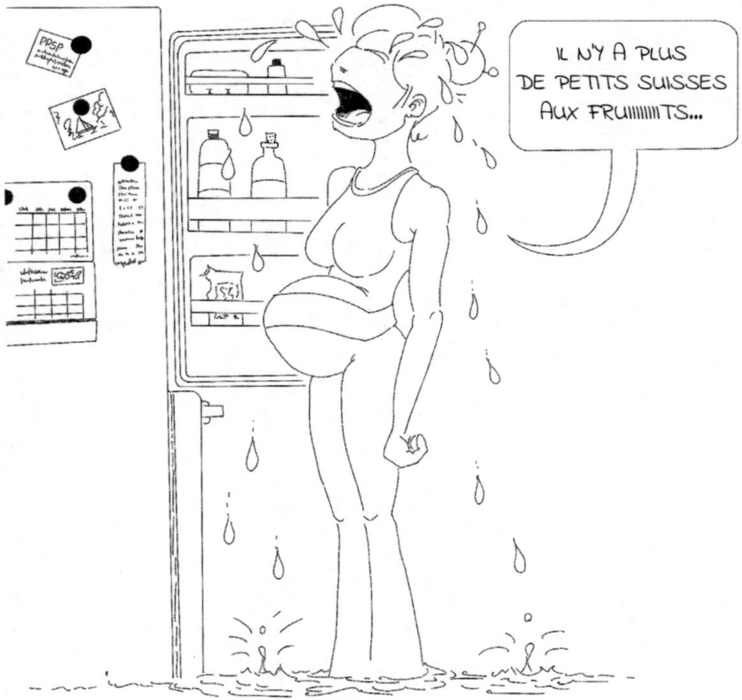
IL N'Y A PLUS DE PETITS SUISSES AUX FRUIIIIIIIITS...

Les larmes de crocs hormones

Attention vie sensorielle ultra-sensible

« J'ai pleuré en regardant une émission à la télévision alors que ça ne m'arrive jamais. »

« L'autre jour au bureau le parfum d'une collègue m'a donné envie de vomir. Elle a toujours porté le même parfum. Mais là, tout d'un coup, je ne le supporte plus. »

« Je ne mange que de la purée de carottes. Matin, midi, soir. Quand j'ai ça, je suis heureuse. Quand je n'en ai pas, je deviens agressive. Je me trouve ridicule. »

Toutes en parlent, alors nous ne pouvons pas nous taire sur la question. Votre vie est devenue liquide, odorante, sonore, tactile, tant les larmes s'échappent facilement de vos yeux, les odeurs envahissent vos narines, les sons percent vos tympans et les discussions vous hérissent le poil. Plus rien n'est comme avant, et quand Myriam raconte qu'elle a lavé son intérieur de fond en comble à la recherche d'une odeur réfractaire, introuvable et persécutante, nous ne pouvons que confirmer qu'être enceinte transforme votre rapport au monde.

Comment faire face à cette sensibilité exacerbée parfois incontrôlable qui vous met dans des situations sinon cocasses, parfois gênantes ? Exploser en sanglots devant votre directeur qui ne fait que vous demander un document, ou de colère quand votre mari n'est pas disponible comme vous l'aviez prévu, n'est pas très confortable. Il est plus amusant de vivre une envie frénétique qui vous voit manger matin midi et soir de l'ananas ou de la purée de carottes, comme si seuls ces aliments pouvaient vous rassasier.

Si les hormones rendent sensibles et décuplent une forme de sensibilité des sens, nous serions assez tentés de prendre les choses dans l'autre sens et d'évoquer aussi le bouleversement interne et ses effets sur les humeurs. Car, sur cette question, corps physique et corps psychique semblent bien s'entendre pour vous faire vivre de drôles de moments. Que ce soit hormonal ou sentimental, un livre ne suffirait pas pour décrire des scènes quotidiennes d'envies, de larmes, de réactions vives au regard d'une situation. Mais attention, aucun caprice n'est en cause et encore moins un trait de caractère.

« Je ne suis pas capricieuse ni dépressive : je suis enceinte. »

La femme enceinte n'est ni capricieuse ni dépressive ni exigeante, elle est simplement en pleine transformation. Qui dit transformation, dit changement interne, passage d'un état à un autre, et il n'est pas trop de neuf mois pour appréhender ce grand mouvement psychique. Ces neuf mois si essentiels pour la vie du fœtus le sont aussi pour la vie des mères, pour qu'elles puissent aussi grandir avec toutes ces modifications. Le corps grossit et donc se modifie avec ces signes si communs, tels le ventre et les seins arrondis, et le psychique qui lui aussi prend appui sur le corps sensoriel pour exprimer ses changements. Si pleurer est hormonal c'est aussi émotionnel. La bien connue « envie de fraise » est une image émouvante de la vie de la femme enceinte. Devenue une boutade, ce désir, dit incontrôlable et devant être comblé de suite, vient signifier à quel point être enceinte est un état qui demande présence et attention. Une symbolique qui donne sens à la quête de l'autre quand la vulnérabilité s'invite dans nos vies d'humains. Et la femme enceinte est en situation de fragilité, ce qui peut même la précariser psychiquement.

S'il n'est pas question de faire de ces signes sensoriels des symptômes inquiétants, ils doivent être pris en compte et entendus comme un appel de la future mère. Répondre à ses demandes n'est pas se plier à ses exigences, mais lui dire qu'elle n'est pas seule dans cette attente et que, à situation exceptionnelle, demandes particulières.

La grossesse est toujours singulière, et pendant que les unes la traverseront sans manifestations notables, d'autres la rendront plus bruyante, dans une attente de présence à entendre.

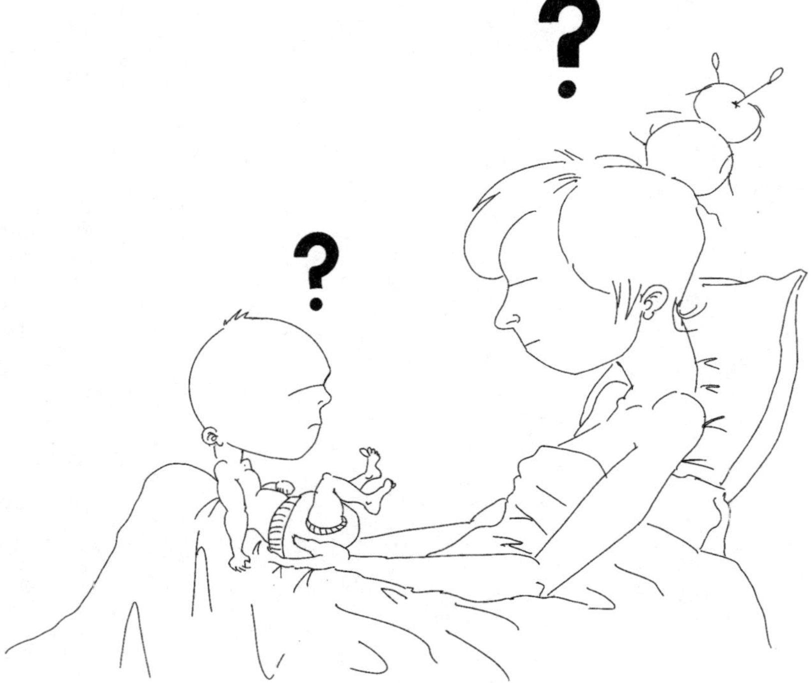

D'une rive à l'autre

La naissance

Nous l'avons compris au fil de nos discussions et rencontres avec vous : la naissance ne se parle pas, elle se vit. C'est seulement après, quand le temps de l'effort est passé, que, doucement, les expériences se dévoilent. Toutes différentes. Chacune avec ses douleurs, ses joies, ses surprises, ses imprévus, ses déceptions, ses rires, ses beautés.

Une chose est certaine : la naissance fait bon ménage avec les excès de langage. Terrifiant, extraordinaire, fabuleux, hallucinant, fou, rien n'est trop fort pour chercher à transmettre non pas ce que le corps a vécu mais ce que l'âme a ressenti.

L'arrivée de l'enfant est et restera pour chaque femme donnant la vie un feu d'artifice émotionnel qui, à l'image du bouquet final, crépite d'émotions qui se bousculent, s'enchaînent, se superposent, les unes aux autres, à toute vitesse, donnant le sentiment que, soudain, le temps est infini. L'expression « après l'effort le réconfort » ne relève pas du cliché, si l'on songe à ce moment où l'enfant, tout juste né, est enfin niché dans les bras de la mère. Vous venez de lui donner la vie et il a fait de vous une mère. Vous le découvrez, timidement. Vous le dévisagez. Les yeux mi-clos. Les mains si parfaites et si petites. Pas de cheveux. Déjà tout chevelu. Il est exactement comme vous l'aviez imaginé. Ou pas du tout comme vous l'aviez imaginé. Vous le trouvez beau. Vous le trouvez laid. Ou les deux ensemble. Vous ne savez plus. Vous nagez dans le bonheur. Il vous intimide. Vous vous sentez sa mère. Vous ne ressentez rien. Vous avez peur. Parfois ce temps est celui de la grâce, de la certitude — c'est lui —, celui rêvé et attendu avec ses traits familiers. D'autres fois c'est l'étonnement, l'espace d'un sentiment où l'étrangeté prend le pas sur celui qui devrait être reconnu. Ou encore les larmes de la peur face à un sentiment de mal-être, un malaise diffus qui ne reconnaît pas celui qui vient de naître.

La naissance n'est pas un temps prévisible. Son expression intime est toujours unique. Mais si l'instant de la rencontre peut paraître difficile à vivre, car trop éloigné de l'attente imaginée, le temps lui, va se charger de modifier l'image, de la transformer, de faire que cet inattendu devienne petit à petit plus doux. Concrètement, le nourrisson vécu comme décevant sans que rien ne puisse en nommer les raisons réelles va, au fil des heures, des regards, des hésitations et caresses, se faire plus familier. Ce nourrisson va devenir un bébé, le bébé, votre bébé.

Rien n'est joué quand la femme épuisée n'arrive plus à comprendre ce qui la traverse et la met en émoi. Rien n'est écrit sur le récit qui est en train de se raconter. Une naissance peut rester ainsi hors des mots, loin des plaisirs, parfois pendant quelques heures ou jours. Mais toujours elle se transforme. Chaque fois, elle se construit dans un temps qui lui est propre, si unique, fragile et fort à la fois.

La naissance, le nanotemps de la rencontre mère/enfant. Elle est et doit rester hors jugement. L'amour n'est pas instinctif. L'amour est reconnaissance. L'amour se raconte et sait mieux que tout autre sentiment narrer les aventures qui le définissent. Dans cette rencontre, les deux héros sont deux acteurs à part entière et chacun donne une part de lui-même pour nourrir l'histoire. Bien entendu, le père est bien là, et nous ne l'oublions pas, mais il a son propre livre au dos de celui-ci où il sera aussi un des héros de ce jour J.

Pour l'heure, nous vous consacrons ces mots, ceux des mères qui sont venues nous parler et nous dire — pour VOUS dire, car nous les avons averties. Vos paroles deviendront livre, un livre pour d'autres femmes, d'autres futures mères qui aimeront vous entendre. Elles liront ces thèmes retenus et pourront ainsi, en différé, participer à ce qui a été vécu.

La transmission est ainsi à sa place. On devient mère avec des mères qui nous ont précédées. Qui ont su témoigner pour que la parole circule. Nous assumons que les thèmes sont choisis par les auteurs de cet ouvrage et que nous l'avons fait en tentant d'être au plus près de ce qui est apparu central. Le travail est délicat et toujours pris dans la subjectivité de celui qui a écouté.

Mais la question n'est pas là. Nous ne cherchons pas à être fidèle mot pour mot aux phrases entendues. Ce n'est pas ça l'histoire des humains. Ce qui nous caractérise, c'est notre capacité à nous raconter et donner à celui qui nous suit les mots de l'expérience. L'expérience est une expertise personnelle qui n'a pas d'autres prétentions que de « dire ».

Souhaitons que cette modeste contribution jouera le seul rôle qu'elle s'est donnée pour toutes les mères : être là. Pour que vous sachiez que vous n'êtes pas seules et que nous vous accompagnons.

Prévention de la solitude, ce petit livre est une expression symbolique de notre « être ensemble ».

Avec vous.

À CHACUN SES 9 MOIS

Sophie Marinopoulos est psychologue et psychanalyste, specialiste reconnue de l'enfance et de la famille, fondatrice des espaces d'accueil solidaire parents-enfants Les Pâtes au Beurre. Elle est l'auteure de nombreux ouvrages parmi lesquels *Dites-moi à quoi il joue. Je vous dirai comment il va* (2009), *Elles accouchent et ne sont pas enceintes* (2011) et *Écoutez-moi grandir* (2016) aux éditions LLL.

Franck Stives est psychologue clinicien, directeur de la première antenne des Pâtes au Beurre à Nantes.

Sophie Marinopoulos
Franck Stives

À chacun ses 9 mois

Devenir père

Illustrations de Guillaume Florin

Qui sommes-nous ?

Le réseau national des lieux Les Pâtes au Beurre s'engage en faveur de la prévention des relations familiales et de la santé relationnelle. Ce livre est un ouvrage de Santé Publique qui met en lumière l'importance de l'écoute de la vie affective et psychique durant la grossesse : 9 mois pour chacun et chacune, 9 mois toujours singuliers.

La vente de ce livre est en parti au profit de nos accueils des familles, gratuits, anonymes, sans rendez-vous et sans limite d'âge pour les enfants.

Pour nous retrouver et nous contacter :
www.lespatesaubeurre.fr
Tel : 02-40-16-06-52
Email : nantes@lespatesaubeurre.fr

Dépôt légal : Mai 2022
Isbn : 979-10-209-1102-5

Nos remerciements vont à toutes les futures mères et tous les futurs pères qui sont venus dans nos groupes de parole. Plus largement un grand merci à tous les parents qui nous font confiance depuis deux décennies. Leur venue en nombre dans nos lieux d'accueil Les Pâtes au Beurre, confirme l'importance de notre travail de prévention en matière de santé psychique, de santé relationnelle, que nous souhaitons voir un jour en bonne place dans nos programmes de Santé Publique. Nos remerciements vont aussi à tous les professionnels des Pâtes au Beurre qui chaque jour sont là pour accompagner les parents et leurs enfants.

ET SINON, UN LABRADOR C'EST BIEN AUSSI, NON ?!

Vous allez devenir père

DEVENIR PÈRE ?! Elle est enceinte ? Elle est enceinte ! Depuis le temps qu'on attendait... Qu'elle attendait ! Moi aussi, mais ce n'est pas pareil. Bon, rien n'est encore sûr, elle me dit que si, qu'elle le savait, mais comment je pouvais savoir, moi, qu'elle savait, j'en sais rien ! C'est pas pour tout de suite, j'ai encore le temps. Je ne me sentais pas prêt du tout, mais je l'aime, alors je veux devenir prêt. Neuf mois, c'est demain. Mais je suis si content, je me sentais prêt, c'est bien la première fois, mais là c'est pour de vrai, je ne peux plus faire comme si. Un jour je me sens prêt, le lendemain je panique, je sais plus très bien où j'en suis. Non mais c'est mon désir aussi, mais un peu le sien. Je ne suis pas inquiet, la grossesse se passe bien. Quoique. C'est elle qui le dit — est-ce qu'elle me dit tout ? Pour être franc, la suite me fait davantage peur. Bon, penser

au jour le jour est plus raisonnable. J'ai tellement hâte, je me suis juré de faire mieux que mon père. Est-ce que ma mère était comme elle quand elle m'attendait ? Elle change. J'ai peur qu'elle change. Elle change. Elle me surprend. Elle est étonnante. Et moi, ça va me changer ? Bon, rester calme. Neuf mois ne sera pas de trop pour me faire à cette idée... Quelle idée ? L'idée qu'elle change, que nous ne serons plus seuls, qu'un bébé va bientôt naître... Tout cela est un peu confus. Pour le moment on m'a dit de prendre soin d'elle, après tout c'est un bon moyen d'être attentif à tout ce qui va arriver, à cette naissance, à eux deux... Prendre soin d'eux ? Et moi alors ?!

Une femme. Un homme. Un projet. Un bébé. Une mère. Un père ?

Livres, journaux, sites Internet, blogs, témoignages, émissions de télévision. Le corps des femmes enceintes est scruté de toutes parts et quantité de choses se disent et se racontent sur la grossesse des mères. En revanche, le vécu affectif, psychique, inconscient des futurs pères, pourtant tout aussi

important, est, quant à lui mis à distance. Pire, on évite le sujet. On le rationalise. On balaie sous le tapis les vraies questions : celles qui sont imprononçables, celles qui dérangent, celles qui vous font peur.

Les pères ? On parle pourtant de leur place nécessaire, du père comme « tiers séparateur » entre la mère et l'enfant. On aurait un rôle de séparation... Allons bon, pourquoi pas, mais, concrètement, ça veut dire quoi ? Et puis, comment on fait ça quand le petit est niché dans les entrailles de sa mère ? Et puis, ce n'est pas un peu ingrat et limité comme rôle ? Un père, est-ce que c'est vraiment juste bon à empêcher la fusion entre la mère et son enfant ? Ou est-ce que je peux espérer une place plus créative, plus originale, moins figée ?

En écoutant, jour après jour, mois après mois, des hommes se confier dans nos groupes de parole, un constat s'est imposé : s'intéresse-t-on vraiment aux hommes pour ce qu'ils sont ou pour la place qu'ils doivent avoir auprès de la future mère et de son bébé ?

Cette question vous interpelle ? C'est logique. Car comment prendre votre place alors que, pendant la grossesse de votre femme, la plupart des professionnels de santé, et même un certain nombre de personnes de votre entourage, vous donnent si peu voix au chapitre. Certes, désormais une chaise est posée

à votre intention dans les cabinets médicaux, mais vous êtes encore trop nombreux à le dire, *c'est à peine un regard des professionnels qui vous est accordé.*

Drôle d'époque qui ne cesse d'en appeler à la naissance des nouveaux pères pendant qu'eux ne cessent de se plaindre de vivre douloureusement le fait d'être traités comme s'ils étaient transparents. Bref, on les convoque mais on ne les interpelle pas. Ce qui a changé, c'est qu'ils doivent être là. Le plus dur, ensuite, c'est de les considérer et de les prendre en compte dans l'attente de l'enfant, en tant que père.

Alors, parlons de vous. De vous vraiment. Un homme qui (re)devient père, seul, sous les yeux de sa femme devenant mère, dans le lien à son enfant, pas encore là. Que vivez-vous, vous, futur père, sur le plan intime ? Comment évoluez-vous au fur et à mesure que le ventre de votre épouse ou de votre compagne s'arrondit, que l'invisible devient visible ?

C'est en approchant au plus près votre vécu singulier que vous pourrez :

– prendre la pleine mesure des enjeux dans la relation à votre compagne qui va devenir mère, et de votre enfant qui va naître ;

– parvenir à transformer vos fragilités, vos doutes, vos sentiments silencieux, en liens familiaux solides ;

– garantir l'équilibre relationnel de votre couple en phase de devenir parent.

Dans nos dispositifs de parole, dans nos cuisines et nos espaces de soutien, nous avons, grâce aux confidences de futurs pères, levé le voile sur leurs joies, leurs craintes, leurs petites et grosses angoisses, leurs fiertés et leurs enthousiasmes — des émotions qui, peut-être, ont été ou seront aussi les vôtres. Ces pères nous disent souvent être étonnés qu'on veuille bien les écouter. Ils sont heureusement surpris et jouent le jeu avec authenticité et dynamisme. C'est comme s'ils l'espéraient secrètement sans même avoir pu se l'avouer. Un espace rien que pour eux, pour leur voix(e) différenciée, et pas dans l'ombre de la future mère.

Qu'est-ce qu'être un père ? Ce n'est pas être une mère. C'est aussi simple que cela. Après, c'est à vous de jouer. Il n'y a pas un modèle de père qui serait le bon.

Si vous ne sautez pas de joie dès l'annonce de la grossesse de votre femme, ça ne fait pas de vous une mauvaise personne ni un mauvais père ! Les récits des pères révèlent que l'idée d'avoir un enfant est venue le plus souvent doucement, dans une histoire chuchotée parfois aux creux de l'oreiller, dans

des paroles échangées en balade pour ensuite disparaître, ne plus se dire. Et puis... la réalité! L'annonce « qu'elle » est enceinte. La plupart du temps, la première parole se conjugue au singulier. L'annonce générale est : « je suis enceinte » et pas « on va être parents ».

De là il y a un avant, il y aura un après. Déjà un temps décalé pour le père : le temps qu'elle le découvre, elle, puis le temps qu'elle vous le dise à vous. Et le temps que vous vous appropriiez cette nouvelle, ensuite, et que vous puissiez vous dire non pas simplement « elle est enceinte » ni même « on va être parents », mais « je vais devenir père ».

Dans ce temps où vous « attendez un enfant », nous entendons toute votre propre temporalité, différente de la mère. On ne vous interroge pas et on ne vous donne pas l'importance et la valeur que vous avez. Nous comprenons au fil de vos mots, qu'un père qui se sent dès la grossesse mis de côté, oublié, aura plus de difficultés à prendre sa place par la suite. Nombreux sont ceux qui constatent qu'à la naissance de l'enfant ils se voient plus observateur de la relation duelle mère/enfant, qu'acteur de celle-ci. Comme s'il y avait un lien entre cette place donnée pendant la grossesse et celle à venir après la naissance. C'est pourquoi nous avons voulu ici laisser la part belle aux

hommes. Eux aussi ont des choses à dire, un vécu de la grossesse singulier, différent et riche d'enseignements pour tous.

Vous allez devenir père. Cette annonce ouvre grand les portes sur neuf mois de chamboulements, de joies, de peurs au travers des changements corporels et affectifs de votre femme. Mais pas seulement. Car vous, messieurs, vous nous avez offert votre franchise et vos mots pour que nous puissions transmettre à tous les futurs pères que leurs vécus et leurs mouvements somatiques et psychiques souterrains sont légitimes. Donc vous aussi vous allez changer. Peut-être grossir, peut-être maigrir, peut-être tomber un peu malade, peut-être trop dormir, ou pas assez, être alité...

Vous allez avoir vos neuf mois à vous.

Neuf mois pour essayer d'être soi sans toujours bien savoir où se mettre.

Neuf mois dans un rythme qui n'est pas celui de votre femme.

Neuf mois dans un rythme qui vous est propre et respectable.

Vous allez voir, passer de deux à trois, ça déménage.

Alors, allons-y, 3, 2, 1... Go!

Bonne lecture à vous.

ÇA VA MON CHÉRI ? TRANQUILLE ?
BEN OUI TRANQUILLE ! TRANQUILLE !
ET PUIS... POURQUOI ÇA N'IRAIT PAS D'AILLEURS ?

Les émotions dans la poche

Et si vous en parliez

« Bien sûr que parfois j'ai peur, mais elle est déjà tellement stressée par sa grossesse que je ne veux pas lui rajouter mon stress. »

« J'ai été élevé dans l'idée que ses angoisses, quand on est un homme, ben on doit les garder pour soi. »

« J'ai accompagné ma femme à son rendez-vous chez le médecin, et quand j'ai posé une question, le médecin a répondu à ma femme, en la regardant, elle. »

Neuf mois. Trois trimestres où, au fil des échographies, des temps différents se succèdent les uns aux autres dans la construction de votre devenir père.

À CHACUN SES 9 MOIS

Neuf mois. Trois trimestres au rythme des changements d'humeur, des modifications corporelles et des mouvements du bébé ressentis à travers le corps de sa mère. Sa mère ? Votre femme.

Et pour vous, c'est combien, neuf mois ? C'est aussi trois trimestres ? Trop de jours ? Vous ne préférez pas compter ? Tout va trop lentement ? Trop vite ?

Quand le père pose une question au médecin et que c'est à la mère qu'on répond

Comment considérer ces neuf mois pour le futur père ? Certains nous parlent d'un temps de latence, d'un temps suspendu, d'autres d'un temps nécessaire pour une maturation, pour faire le nid, se mettre en chantier... Propre à chacun, ce vécu s'appuie sur de nombreux ressentis qui ont tous leur importance dans l'installation de cette vie à trois.

Disons-le d'emblée : la place du père après la naissance sera à l'image de celle qui lui est laissée pendant toutes ces semaines, au rythme des examens médicaux, des séances de préparation à l'accouchement, des échographies.

Aujourd'hui encore, les pères peuvent poser des questions, interpeller le personnel médical, mais la réponse sera prioritairement donnée à la mère. Tout se passe comme si leurs interrogations étaient une stricte prolongation de celles de leur femme. Résultat des courses : c'est à elle que l'on répond, ignorant qu'ils sont des interlocuteurs différents avec des préoccupations autres. Cette approche médicale leur fait vivre le sentiment fréquent de n'être qu'un spectateur dans une conversation qui se joue toujours à deux et dont ils se trouvent exclus.

Est-ce pour cela que bien des futurs pères nous parlent souvent de cette grossesse comme celle d'un *temps suspendu* ? Qu'est-ce qui est en suspens, au moment même où tout est en mouvement, en pleine mutation ? Nous entendons régulièrement, dans nos cuisines des Pâtes au Beurre, que, pour l'homme, la grossesse n'intervient jamais au bon moment, et que dès l'annonce tout s'enchaîne dans un rythme dont ils ne sont déjà plus maîtres. Comme suspendu aux attentes de la mère, le premier trimestre est nommé par les pères comme celui de la retenue. Le futur père se met en veille, le couple aussi d'ailleurs.

Taire ses émotions ? Fausse bonne idée !

Dans les premiers mois de la grossesse, des pères nous confient être ultra-vigilants face aux émotions de leur femme, tout en étant eux-mêmes malmenés dans leur propre embarcation. Parfois angoissés, souvent assaillis de questions ou de doutes, ils témoignent d'une position instable : ils se mettent au second plan pour ne pas que leurs émotions se surajoutent à celles de leur femme et viennent la perturber. Alors, ils feintent, ils taisent, ils font semblant, ils prennent soin d'être discrets, et font en sorte que leur anxiété soit la plus silencieuse possible, et ne contamine pas leur femme. Ces comportements sont parfois interprétés comme une forme d'insensibilité alors qu'au contraire ils sont le signe d'une attention à leur femme. Car ils tentent d'être là, de la soutenir, de la contenir, elle qui porte l'enfant. Double portage ? Double poids, avouent-ils, quand on prend le temps de les écouter. Mais, pendant ce temps-là, que deviennent ces émotions refoulées, ces inquiétudes qui sont tues ? Elles ne s'évanouissent pas. Elles font leur chemin, silencieusement, parfois douloureusement.

Voilà comment on pourrait entendre l'autre facette de ce « suspendu »: comme un « poids, une charge » qui ne vous permet pas de vous trouver. Pourtant, un lieu où déposer une parole pendant cette période parfois trouble, floue, pour ne pas s'oublier, c'est fondamental. Des pères qui ont été dans votre cas ont pu nous expliquer l'effet des rencontres dans nos lieux de parole «Les Pâtes au Beurre» pendant la période de la grossesse: une rencontre inattendue (sans attente particulière), mais avec une mise en commun des récits qui leur a permis de mieux se situer personnellement en partageant leur vécu. Vous avez peur? Vous avez honte? Vous pensez que confier ses peurs ou ses doutes, c'est bon pour les faibles? Vous vous trompez. Il n'y a plus à hésiter. Il faut que vous vous saisissiez de ce moment pour commencer à prendre pleinement votre place en vous laissant. Aussi, laissez vous porter par les questions qui viennent, les doutes, les incertitudes et verbaliser au corps médical. Il est urgent que tous les acteurs de la naissance prennent conscience de la nécessité d'être à l'écoute du père qui est à côté de la mère. Vous et elle, vous êtes deux singularités différentes.

Osez imposer votre présence !

Les pères nous disent combien au cours de la grossesse pour le deuxième enfant, eux qui passent dans le camp des « multipères », prennent une place différente, plus affirmée, qui les conduit à s'exprimer davantage. Pourquoi ? Parce qu'ils ont acquis de l'expérience. Ils se montrent plus bavards dans une recherche de mise en sens... Et surtout ils ont fait l'expérience d'être soulagés après s'être confiés. Et c'est tout l'intérêt de se retrouver entre pères : se rassurer ! Regardez autour de vous, il y a sûrement des groupes de paroles organisés pour vous.

N'attendez pas. Votre enfant a besoin aussi de vous pour mieux exister dans le monde et d'y prendre sa place de sujet. N'hésitez pas à venir interroger, partager, vous faire entendre, quitte à répéter à plusieurs endroits ce qui a du mal à être entendu. Les papas bavards, les médecins ou l'entourage les regardent parfois avec étonnement. Et alors ? Est-ce que c'est vraiment le regard de l'autre qui est important ? Est-ce que ce n'est pas vous, vous en tant qu'homme, vous en tant que futur père, qui comptez, dans cette histoire qui se joue ? Dépassez ce sentiment de déranger le corps médical ou

votre entourage. Nous, grâce à toutes ces confidences paternelles que nous recueillons, nous vous le disons haut et fort : posez vos questions ! Bousculez les pratiques ! Imposez votre présence !

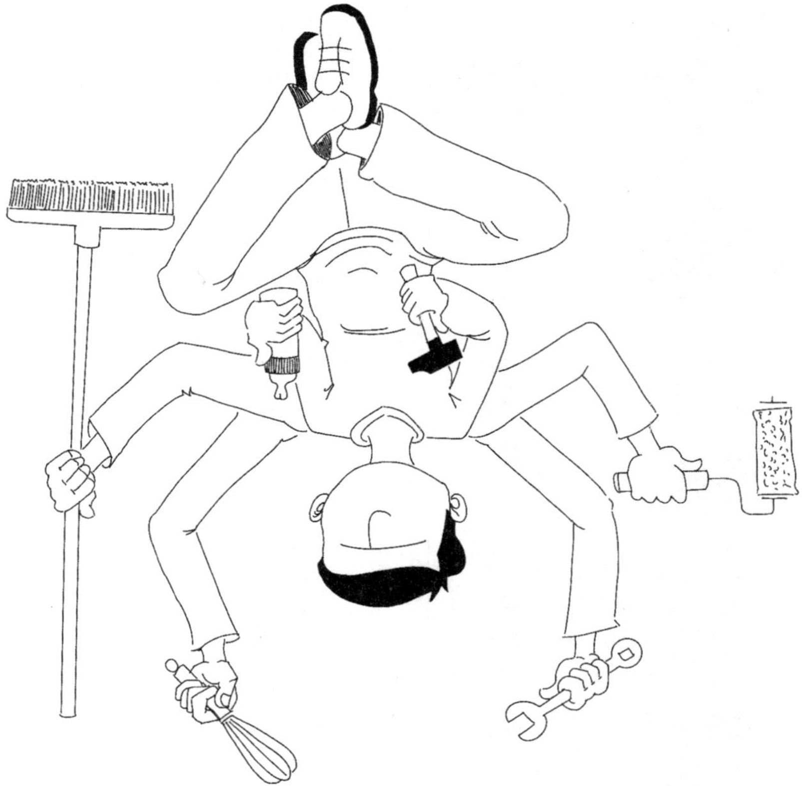

Chantier en cours!

Construire sa maison-nid, une opération d'envergure

« C'est ma femme qui est enceinte, mais j'ai un ventre énorme. On m'a parlé de couvade. Qu'est-ce que c'est? »

« Je me suis lancé dans de grands travaux dans l'appartement. Ça m'a pris comme ça, depuis l'écho du deuxième trimestre. Depuis on ne m'arrête plus! »

« Quand je vois la peau de son ventre tendu comme un ballon, j'ai peur que ça éclate! »

« J'ai honte de le dire, mais au début j'étais super heureux, et maintenant je regrette de devenir père. J'ai peur de perdre ma vie d'avant. »

Durant ces mois où l'enfant n'est pas visible, peut-être avez-vous l'impression d'être un équilibriste, de ne pas voir d'emblée comment prendre votre place vis-à-vis de ce nouveau duo qui naît sous votre propre toit. « Et moi dans tout ça... où puis-je me mettre ? Comment apporter ma pierre à cet édifice sans ressentir tout ce bazar à l'intérieur ? »

Quand votre corps à vous aussi change et que le temps se déforme

Quelque chose se dessine pourtant. Vous vous mettez à préparer, organiser, parfois aussi vous prenez plaisir à acheter les objets qui accueilleront l'enfant, mais à votre propre rythme : voiture, cosy... Vous devenez les artisans d'un grand chantier. La perceuse est de sortie pour investir un logement plus grand ou redélimiter les espaces d'une façon nouvelle. Il ne prend pas la forme d'un ventre qui s'arrondit mais le nid familial se prépare, cela se voit ! Et vous en êtes bien souvent le maître d'œuvre.

Mais le chantier peut également se manifester dans votre corps : les douleurs, les blessures, la prise de poids témoignent simplement parfois de

l'énergie investie pour assimiler progressivement tout ce chamboulement dans votre vie d'homme.

Le temps paraît aussi prendre des allures étranges et déformées : interminable et si compressé à la fois. Il vous file entre les doigts ou s'étire à l'infini, semblant ne jamais approcher de la fin. Et pourtant ! Neuf mois ce n'est que quarante semaines et demie. C'est fou ce que le temps change en fonction de ce que nous avons à vivre. C'est la manière dont il est habité qui le caractérise. Un mois reste toujours un mois. Mais un mois de futur père n'est comparable à aucun autre.

Avoir envie de se blottir dans le ventre de sa femme, c'est normal ?

Tout mener de front semble ponctuellement vous apparaître comme une tâche épuisante ou décourageante, et ce d'autant plus que le brouillard concernant l'avenir peut paraître épais. Comment cet enfant va-t-il changer mon quotidien ? Ma vie d'avant est-elle perdue ? Que va-t-il me rester ? Dans ce contexte, rencontrer des moments d'inquiétude, de regret ou de tristesse

semble bien légitime. Et puis, il y a ce gros ventre qui semble être au centre de l'univers... si chargé de mystère. Ce ventre donne d'ailleurs l'envie de l'apprivoiser, de le caresser ou même de sentir de l'intérieur ce qui s'y passe. Et si je pouvais m'y installer pour me tenir bien au chaud, à l'abri de toute cette agitation? Eh oui, les pensées des pères comme celles des mères prennent parfois de drôles d'allures. S'imaginer blotti dans le ventre maternel est l'une des pensées paternelles surprenantes. Elle témoigne de la vie de « dedans » des pères. Rien d'anormal, et pourtant c'est tellement indicible. À d'autres moments, la rondeur du ventre vous semble effrayante, tel un ballon prêt à exploser... Bizarre, vous avez dit bizarre? Ne vous inquiétez pas: il y a un décalage entre ce qui se dit et ce qui se vit. Pourquoi les pères échapperaient-ils à la règle? Le temps de la grossesse possède cette particularité de déranger. Déranger ne veut pas dire gêner... Vous le dites souvent, qu'elle ne vous ménage pas! Pourquoi parle-t-on si peu de tout ce que les pères ont à traverser durant cette épopée-là? Avec qui pouvez-vous partager toutes ces images qui surgissent dans votre esprit? Et votre besoin d'être l'objet d'attentions durant ces mois où votre enfant se cache, comment peut-il se dire sans trop s'exhiber? Car si nous comprenons votre souhait de soutenir votre femme à 100 %, cela doit-il être

à votre détriment? Vous devez aussi penser à vous. Il est indispensable que vous puissiez exister, avoir votre espace pour vous réaliser, que ce soit dans le sport, les loisirs, les amis. Il ne s'agit pas de vous sacrifier mais bien de créer autrement votre vie, que ce grand changement appelle. Devenir père, c'est une sacrée aventure! Interrogez vos amis et d'autres pères, vous verrez... Et, bien entendu, parmi les pères à solliciter, il y a votre propre père aussi...

Quand on a envie de tout quitter...

Autre chose que nous voulions vous relayer : ponctuellement, certains d'entre vous ressentent un besoin irrépressible de s'absenter. Cet aveu, nous l'avons beaucoup entendu. Il a fallu bien du courage à ceux qui nous l'ont confié. Car, oui, le père a parfois envie de fuir, de prendre le large, de s'abriter dans une bulle, ailleurs, bien loin de la scène sur laquelle trône la femme qu'il aime et son énorme ventre. Raison pour laquelle votre activité professionnelle ou de loisir prend l'allure d'une bouée d'arrimage. Et puis, il y a ceux qui, tout à coup, ont des tentations qu'ils n'avaient jamais eues auparavant. Des tentations qu'ils ne s'expliquent pas. Des tentations dont ils ont honte. Quelques-uns

d'entre vous partent réellement, pour de vrai! La menace est trop forte, le défi trop élevé. Certains quittent le foyer un temps, d'autres pour toujours, comme un impossible à affronter. Ces moments laissent l'entourage sidéré. Pour tous ceux d'entre vous qui lisent ces lignes et se reconnaissent dans cette envie de fuite imminente, nous vous recommandons de prendre le temps d'aller en parler. Nous ne sommes pas là pour vous faire la morale ni vous juger. Ce qui ne semble pas possible à affronter dans les pensées peut se voir cheminer autrement dans le partage. Allez vous confier sur ce sentiment qui vous semble si menaçant, qui vous emprisonne tel des sables mouvants. L'angoisse, la colère, la rancœur, et même la haine peuvent tout à coup devenir omniprésentes et occuper tout le terrain. Ne restez pas seuls et cherchez qui peut vous entendre, quel que soit ce que vous avez à dire, dans ce moment éprouvant.

Passer de fils à père nécessite de l'attention. Il est légitime de pouvoir « se dire » en cette période faite d'inconnu. Faire « maison-nid » constitue une entreprise de grande envergure où les mots jouent un rôle plus grand que vous ne le pensez. Ils colmatent, solidifient, embellissent cette construction en cours. Utilisez les et faites en vos meilleurs amis.

PILE: J'Y VAIS,
FACE: J'Y VAIS PAS !
ECHOGRAPHIE
LÀ, C'EST SON CŒUR QU'ON ENTEND... 140 BATTEMENTS PAR MINUTE !

Ce n'est pas une blague

Il y a quelqu'un là-dedans!

« J'étais tellement fier de voir mon fils sur l'échographie que je l'ai mis en photo sur les réseaux sociaux! »

« Je n'avais pas envie de venir à l'échographie, alors j'ai prétexté un dossier urgent à terminer pour le boulot. »

« Ça me fait bizarre de voir ce qu'il y a à l'intérieur de ma femme, je veux dire pas seulement le bébé, mais ses organes. »

Le rendez-vous échographique est calé et votre compagne compte les jours avec excitation et appréhension. Son impatience est telle qu'elle ne peut pas vous imaginer dans un état autre. Elle est persuadée que vous trépignez aussi. D'ailleurs, ne vous montre-t-elle pas d'une façon extrêmement claire, pour ne

pas dire lourde, son souhait de vous sentir auprès d'elle dans ce moment ? Et hop : vous voilà pris à votre tour dans la mêlée.

L'échographie, y être ou ne pas y être ?

Honnêtement, cette échographie, de votre côté, comment la sentez-vous ? Avez-vous envie d'y être ? Pourquoi tout ce remue-ménage autour d'un simple rendez-vous ? Que pouvez-vous y fabriquer vu que « l'écho », ça n'est pas vous qui la passez ?

Les pères nous ont surpris. Certains, fans de nouvelles technologies, voient le temps de l'échographie, qui est en soi un progrès, donc une curiosité, comme une forme de passage obligé. Mais, pour d'autres, il n'est pas du tout dans leurs priorités. L'échographie se présente en effet parfois comme une nouvelle contrainte, une de plus, qui ne trouve pas sa place dans un emploi du temps déjà bien chargé. Pour d'autres, elle peut être l'occasion de se « mettre dans le coup », même si l'envie de tout voir n'y est pas, ou pas plus que ça. S'il est évident que cette proximité créé par l'image permet d'être tout près pour observer et réaliser ce qui se passe à l'intérieur, ce qui l'est

moins, c'est l'effet du reflet du bébé in utero sur le père. Alors la question est entière et vous appartient : y être ou ne pas y être ? Un père peut-il dire, sans craindre les foudres de sa femme, de son entourage, voire de la société, qu'il ne souhaite pas y être ? Que cela ne l'intéresse pas... Ce que nous traduirons par « c'est trop pour lui ».

Si vous souhaitez y être...

Pour vous qui souhaitez y être, quelques mots. L'échographe est là face à vous. Pendant que votre compagne s'installe, si vous en avez le souhait, prenez votre place. L'écran s'allume. En même temps que l'image, vous entendez le souffle rapide du battement du cœur. Qu'est-ce qu'il bat vite ! C'est comme s'il vivait fort ! Vous n'y voyez rien. « Tout » est visible sur l'écran et vous n'y voyez rien, mais qu'est-ce que ça bouge ! Tout se mélange... le dedans et le dehors. La sensation est difficilement descriptible. Vous voyez l'enfant, votre enfant, nettement, mais lui ne vous voit pas. Vous éprouvez les sensations de son cœur comme si vous le portiez vous-même mais vous n'êtes pas enceint, vous le ressentez et il n'est pas en vous. Que cela doit être étrange

d'être femme quand on est enceinte! Quel bazar dans votre corps!! Toutefois, l'heure n'est pas à vos confidences mais bien à la découverte de ce bébé, votre bébé. Mais où voit-il un bras? Une oreille, un sexe? Vous reconnaissez peut-être des petits bouts, mais il en manque! Tout au moins, vous entendez bien son cœur en direct! C'est du concret. De nouvelles questions vous viennent. Elles concernent le corps de l'enfant qui apparaît et disparaît au bout de la sonde, objet magique qui fait apparaître et disparaître l'enfant. Visible, invisible, caché-coucou inattendu et émouvant. Les ressentis qui vous envahissent peuvent aussi être très intrusifs, trop intrusifs, au point que vous aimeriez que cela s'arrête ou bien partir en courant. N'est-ce pas trop voyeuriste? « Voir à l'intérieur de ma femme, ça me met très mal à l'aise, j'ai l'impression de transgresser un interdit… »

Quand on vous annonce qu'il y a peut-être un problème

Parfois, il arrive que l'échographie vienne transmettre une question, un doute, ou une suspicion d'anomalie au moment où vous rencontrez pour de vrai qu'il y a de la vie. Le temps se fige. Tout à coup, tout bascule. Vous avez

peur. Vos pensées vacillent, votre regard se tourne vers votre femme dont vous guettez les réactions, vous qui vous êtes juré de la protéger pendant cette période si particulière. Que puis-je lui dire ? Que puis-je faire ? Êtes-vous juste « branché » sur ce que votre compagne est en train de vivre ? Et vous ? Qu'est-ce qui pourrait vous soutenir pour traverser cette attente jusqu'au nouvel examen ?

Les futures mères témoignent régulièrement de leur besoin « d'arrêter d'y penser », mais peut-être en est-il tout autrement pour vous, de votre place de futur père ? Quels sentiments vous traversent et comment arrivez-vous à faire face ? Nombreux sont ceux qui disent qu'ils vivent ce moment « en collant aux humeurs de leur femme » ou « en essayant de ne pas en rajouter ». Attendre est le maître mot et tenter de continuer « comme avant ». Le coup est dur et les mots semblent, dans cette période, inarticulables. Tout choc provoque de la sidération, rend mutique. Il faut du temps pour retrouver l'envie parler. Si vous sentez que les jours passent et que vous vous enfermez dans le silence, faites vous violence et prenez rendez-vous chez votre médecin, un professionnel de confiance. Une fois encore, sachez que nos lieux vous attendent.

Quand tout va bien, un moment fort vers la filiation...

Ce rendez-vous échographique est singulier pour chaque père, chaque mère, chaque couple. Il a pu glisser sur vous sans vous impacter le moins du monde, et vous aurez probablement d'autres occasions de prendre la mesure de l'existence de l'enfant. Dans d'autres cas, l'échographie peut avoir été révélatrice d'un univers nouveau. Ce ventre rond n'est plus un simple arrondi mais bien un enfant qui grandit. Un moment fort, qui confirme que le ventre est habité, que tout est bien réel, que cet habitant est un proche de vous — que, plus encore, il est de vous. La filiation est en marche, prête à se nommer et à se prénommer. Car l'échographie est une vraie mise en route de la fabrique de prénoms. Une image surgit, celle d'un enfant à venir, et à cette image, soudain, on se prend à rêver un prénom. Parfois, il vient immédiatement, comme une évidence. Parfois aussi, on hésite. L'avenir s'ouvre, riche de choix multiples, de sonorités diverses, qui ne font que confirmer que la transformation est en marche. Prénommer, c'est penser, c'est parler, c'est inscrire le futur dans le présent.

MÉTÉO MARINE À L'USAGE DES FUTURS PÈRES : SUR L'OCÉAN DE LA MATERNITÉ LA TEMPÊTE SE DÉCHAÎNE. LA MÈRE EST TRÈS AGITÉE !!!

Elle est où ma femme ?

De l'inquiétante étrangeté

« L'autre soir, je lui ai dit qu'elle était toute belle avec ses bonnes joues et son gros ventre et elle a fondu en larmes. »

« Elle a sur le ventre une ligne noire verticale bizarre. Elle m'a dit que c'était normal, qu'on appelait ça la linea negra, que ça partirait après l'accouchement. Mais moi, j'ai très peur que ça parte pas ! »

« Avant, elle était toujours calme, et maintenant, dès que je laisse traîner une chaussette par terre, ça la rend folle. Où est passé ma femme ? »

Ce n'est pas politiquement correct aujourd'hui de parler de Sigmund Freud, le mal-aimé de notre siècle, et pourtant il peut être d'un grand secours pour nous aider à penser. Vous allez comprendre pourquoi dans quelques instants. Pour l'heure, patience. Mais sachez que comme une confidence appelle une confidence, nous avons décidé de continuer de demander à d'autres pères ce qu'ils pensaient de ce que nous avions entendu autour de notre table. Nous n'avons pas été déçus. Car quand on prend le temps de demander aux futurs papas comment ils vont, eh bien, ils répondent. Donner du temps aux mots fait naître les mots. Et de là nous pouvons ensemble nous pencher sur les ventres plats des pères qui ne manquent pas d'intérêt.

Nous voilà donc avec la lourde charge de vous dire que ces messieurs ont souvent bien du mal à reconnaître leur femme pendant la grossesse. Il y a une sorte « d'inquiétante étrangeté », dirait notre ami Sigmund! Un terme qu'il a utilisé un jour où, entrant dans sa cabine lors d'un voyage en train, il trouve avec stupeur un vieil homme installé dans son wagon. Surpris et prêt à lui demander ce qu'il fait là, il réalise soudainement que le vieil homme en question est tout simplement son propre reflet dans le miroir. Une part de lui

qu'il n'avait pas reconnue. Une part vieillissante qu'il ne pouvait pas identifier. C'était bien lui et pas lui. Un sentiment d'étrangeté qui naît d'une rencontre d'une part de soi inconnue.

« C'est bien elle, mais pas totalement elle »

Tous les futurs pères savent que leur compagne va grossir. Ils ne sont donc ni surpris, ni inquiets. Beaucoup d'entre vous peuvent même nous dire leur sentiment de fierté quand la grossesse est enfin visible. Et qu'enfin on va se tourner vers eux pour les féliciter, dans une belle reconnaissance de leur place reconnue. Certains nous disent avec exaspération « il était temps » ; « elle ne l'a pas fait toute seule, enfin! ». Donc ce corps qui se modifie, se transforme, marque certes de l'inconnu. Mais de l'inconnu connu. Vous nous suivez?! Nous sommes bien d'accord pour affirmer que tous les hommes savent que leur femme va se transformer physiquement. Le sujet n'est donc pas celui du corps qui s'arrondit.

Non, il s'agit d'autre chose. Et en effet ce qu'ils voient, perçoivent au-delà des rondeurs acquises, crée insidieusement une forme de malaise. Une

inquiétante étrangeté ; c'est en effet bien elle, mais pas totalement elle. Il y a à la fois du familier et de l'étrangeté dans leur manière d'être, de parler, de demander, d'attendre, de regarder, de vivre tout simplement. Elles sont les mêmes — et plus du tout — les mêmes. Ce constat par effet miroir les met dans un étrange état. En la découvrant autre, ils se vivent autres. En la vivant étrange, ils se vivent étranges. Un je-ne-sais-quoi de différent.

Bon, pas de panique : nous ne parlons pas de dédoublement de la personnalité, seulement d'un état nouveau qui observe que devenir parent, être en passe de l'être, passe bien par des drôles de sensations. Et ces drôles de sensations sont tout à fait normales. Les pères qui se sont confiés à nous se vivent différents dans leur propre regard ou analyse de la situation. D'ailleurs, ils doutent parfois de leur capacité de discernement tant ils ont la sensation parfois d'être à côté des attentes de leur compagne.

Mais au fait, ces attentes ?

Dans leurs observations, nous pouvons noter qu'ils questionnent beaucoup les humeurs qui varient de leur femme, les changements qu'ils jugent

inattendus, et en retour, du sentiment qu'ils ne savent pas comment se comporter. Du coup, aider devient même un challenge.

Pour exemple, entre « en faire trop ou pas assez », ces deux extrêmes vous paraissent clairement identifiables. Reste que, à certains moments, le soutien proposé est vécu avec délice, mais il peut tout aussi bien le jour suivant être perçu comme un manque de volonté de faire correctement ce qui est demandé. Ou bien, alors que l'appartement a été briqué efficacement par vos soins, elle est persuadée que des odeurs persistent et que vous n'avez pas utilisé le produit demandé comme convenu dans les moindres recoins. L'explosion n'est jamais loin...

Qu'est-ce qu'il faut faire pour la soutenir au mieux ?

Si cet aspect organisationnel est loin d'être anodin, le plus compliqué ne se situe pas à ce niveau de la réalité. Dans la rubrique « se montrer attentionné », la question qui revient souvent est la suivante : faut-il être attentionné affectivement et avoir de multiples attentions cherchant à la ménager, ou au contraire continuer à vivre suivant le rythme conjugal que

vous avez toujours eu, pour lui donner du courage. Mon cher Watson, une idée ?

Pas si simple. Le compliment sur sa bonne mine et son magnifique embonpoint peut vite tourner au sketch à la Florence Foresti et la faire fondre en larmes. Un cauchemar qui va définitivement vous gâcher la soirée et le retour au bercail.

Alors oui, en cette période freudienne d'inquiétante étrangeté, nous vous recommandons beaucoup de présence et une prise de conscience que cette part étrange que vous ressentez chez elle, et par ricochet chez vous, ne doit pas rester dans l'ombre. Aussi, pourquoi ne pas en faire un sujet humoristique, histoire de prendre un peu de distance et de donner de la légèreté à la question ? Croyez-nous : des fous rires peuvent même naître de ces moments. Main dans la main, vous avancerez donc vers LA date. Quand les choses se transforment, même si elles vous semblent un peu bizarres, c'est qu'elles sont vivantes. Et quand on peut cheminer côte à côte pour traverser, ensemble, ces changements, c'est tout bon !

CONTRAT
DE
PATERNITÉ

Combien ça coûte un bébé

Le coût psychique

« On va devoir se serrer la ceinture, et ça, je viens de réaliser que ça veut dire diminuer le budget cinéma et restos. »

« Elle veut la toute dernière poussette à la mode que toutes ses copines ont, mais moi, niveau budget, je ne peux pas suivre. »

« Je veux ce qu'il y a de mieux pour notre enfant, mais ce qu'il y a de mieux, est-ce que c'est forcément ce qu'il y a de plus cher ? »

« Je suis devenu incollable sur les meilleures marques de poussette. Mes copains se moquent de moi, sauf ceux qui sont déjà pères! »

Chercher LE matériel n'est pas une mince affaire. À la maternité, c'est la mère qui a reçu la longue liste des indispensables. Un matériel sophistiqué trié sur le volet. Acheter le matériel fait partie bien entendu de la préparation à l'arrivée du bébé. Nous avons vu comment vous, les pères, faisiez le nid, preniez en compte les besoins psychologiques de votre femme, organisiez l'intérieur de la maison, n'hésitiez pas à sortir votre caisse à outils, même quand vous n'êtes pas des as du bricolage. Loin d'être passif, vous vivez à votre manière le temps de l'attente. Investir la grossesse pour un père se voit donc dans le déploiement d'efforts de présence, dans le temps passé à bricoler, mais aussi, disons-le, dans la recherche DU matériel pour votre bébé.

La poussette est au cœur de votre attention et nous devons reconnaître que, durant ces moments d'échanges, les témoignages à propos de vos achats ont mis beaucoup de détente dans le sérieux de vos confidences. Le choix de la poussette ou du lit, de la table à langer, de la baignoire ou encore du transat, c'est amusant d'en parler. Mais ne nous y trompons pas. Ces sujets *a priori* ludiques cachent des préoccupations on ne peut plus sérieuses. Explications :

« Ça coûte trop cher ! »

Prenons les choses dans l'ordre : tout ce matériel coûte cher. L'arrivée d'un enfant est donc évoquée en termes de dépenses. Certains d'entre vous peuvent nommer leur panique devant le besoin irrépressible de leur femme d'avoir un maximum de matériel, le plus moderne possible, ce qui revient à vos yeux au plus cher. D'une manière générale, vous vous présentez comme celui qui fait les comptes et s'affole devant tant de besoins. « Vous n'aviez pas prévu ça. »

Une fois la poussette trouvée, vous vous acharnez à mesurer la place que prend le carrosse du futur bébé et comment il va tenir dans le coffre de la voiture. Puis vient l'incontournable : *comment il va tenir dans le coffre sans prendre tout le coffre ?* Il ne manquerait plus qu'il faille aussi changer de voiture. Ça, c'est ce que font la majorité des pères au deuxième enfant, comme une sorte de passage obligé.

Tenir compte de la place occupée et de l'espace laissé. Il est question au final d'un savant calcul pour laisser la place, mais pas toute la place. De donner de l'espace tout en préservant le sien.

Pour poursuivre dans cette même logique, il s'agit d'investir généreusement pour les besoins de ce nouvel arrivant sans toutefois réduire le budget familial à néant. Il peut coûter un peu sans toutefois réduire les comptes à zéro. Un vrai casse-tête !

Donner de l'espace à son enfant, est-ce en perdre pour soi ?

D'autant que ces achats viennent concrètement réorganiser l'intérieur de la maison, transformant le bureau en chambre de bébé, quand ce n'est pas la pièce où l'ordinateur trônait. Un espace intime qui permettait le repli quand chacun ressentait le besoin de solitude. Donner cet espace coûte sérieusement, et particulièrement au père, moins enthousiaste sur l'envahissement à venir. Et soyons clairs : cela n'a rien à voir avec son désir d'accueillir l'enfant, de lui donner une place pleine et entière. Non, il s'agit simplement de la prise de conscience du coût réel de cette place à donner. Le coût est au final plus psychique que matériel. Certes, cela est cher, mais ce qui est cher, c'est le renoncement de ce qui existe et qui n'existera plus.

Un prix à payer ou un bel investissement ?

Il va falloir partager : sa femme qui va devenir mère, son espace qui va devenir leur espace, son temps qui ne lui appartiendra plus.

Tout cela vous inquiète, un peu, beaucoup, énormément. Vous pressentez dans cette organisation très matérielle et financière qu'il y a un prix à payer pour devenir père. Un coût qui annonce le renoncement indispensable à une vie qui est et ne sera plus. Il ne s'agit pas de penser que le coût est de perdre le meilleur pour aller vers le pire. Non, bien entendu, et vous vous en expliquez parfaitement. Il s'agit de passer du connu à l'inconnu. Voilà ce qui a un coût. Cette transformation, le passage d'un confort acquis à quelque chose à construire. Toute construction demande de s'investir. Ces achats obligés touchent à un sujet profond : vos ressources internes. Acheter, c'est inscrire le changement. C'est donner de la réalité à ce qui jusqu'à maintenant était un projet, une promesse d'enfant. L'enfant bientôt là questionne vos capacités à accueillir et ce que cela va coûter de soi pour lui faire une place. Un sujet grave qui vous fait passer des rires aux larmes.

MON FILS, MOI TON PÈRE, EN TANT QUE FILS MOI-MÊME DE MON PROPRE PÈRE - TON GRAND-PÈRE - JE TE NOMME PÈRE CAR TU AS TOI-MÊME MAINTENANT UN FILS, CE QUI FAIT DE MOI SON GRAND-PÈRE PAR LA MÊME OCCASION ...

Au secours! C'est mon tour

Fils depuis longtemps mais père en train de naître

« Je n'ai jamais été très proche de mon père, alors je ne sais pas comment lui parler de ce que moi je vis en tant que futur père! »

« C'est drôle, mon père m'a raconté des choses sur mon enfance qu'il ne m'avait jamais racontées jusqu'à présent. »

« Je ne sais pas trop comment mon père prend le fait de devenir grand-père. Peut-être faudrait-il que je lui demande? Mais par où commencer? »

Plier la poussette et mesurer la place qu'elle prend dans le coffre ou dans l'entrée est, comme nous venons de le voir, loin d'être une simple question technique. Même une poussette peut être un objet symbolique, une belle expression métaphorique de l'espace qui n'est pas élastique et qui va devoir être occupé autrement. Objet symbolique qui fait du lien avec un vécu interne. Pourtant, c'est rarement une discussion père/fils, cette histoire de matériel bébé. Alors que deux hommes peuvent être avides de questions autour des technologies, de l'outillage, du matériel de bricolage, nous n'entendons pas chez les pères que nous recevons de témoignages de partage pratico-pratique avec leur père pour le bébé à venir.

Pourtant, ce serait une belle occasion de « se parler entre père et fils ». De soutenir des confidences et d'emmener votre père à dialoguer sur ce que lui a vécu, et donc, aussi, sur votre enfance. Franchir ce cap qui fait passer de fils à père n'est pas une mince affaire et vient directement interroger comment s'effectue cette transformation. S'agit-il de porter une cape de super-héros ? À quelle transformation doit s'attendre un fils et sur quoi peut-il prendre appui ? Nombreux sont les futurs pères — donc des fils — qui, dans le silence de leur pensée, osent se murmurer : « Comment mon

père s'est débrouillé avec cette affaire-là... Il a eu un déclic ou c'est venu progressivement ? »

Penser à son enfance de fils différemment

Une chose apparaît clairement dans nos échanges collectifs : le futur père est un homme pudique. Pudique quand il s'agit de ses émotions, de la relation à sa femme se transformant et, nous rajouterons à présent, pudique quand il s'agit de son propre père. Parler de lui est en soi un exercice qu'il pratique peu. Mais les souvenirs d'enfance peuvent offrir des éléments de réponse précieux.

Parler de votre enfance est loin d'être obligatoire, surtout dans un groupe. Mais pouvoir accéder à son histoire, à sa place dans la famille, au moment même où des changements s'opèrent, est l'une des voies possibles pour élaborer justement sur la « place » de chacun. Et ce n'est pas une marotte de psys que de vous proposer d'y réfléchir.

Retourner sur les lieux ou vers les sensations de son enfance

Vous observerez peut-être votre besoin de faire des allers-retours vers ce qui était bon et familier autrefois : des lieux, des saveurs, des personnes qui ont fait repères. Ne résistez pas à ce mouvement naturel qui vous conduit vers des images du passé. Rien de nostalgique dans tout cela, bien au contraire. Car ce serait un leurre d'imaginer que devenir père est juste un événement physiologique. Devenir père vous engage dans votre histoire, dans votre transformation personnelle interne, dans votre mouvement de grandir. Car oui, on grandit même à l'âge adulte. Enfin, dans la tête !

D'où parfois des sensations désagréables de coups de « mou », de perte d'envies qui peuvent vous préoccuper. Grandir est toujours un bouleversement psychologique et il entraîne des réactions inattendues. Cela est une bonne occasion de solliciter ceux qui vous ont vu grandir et d'interpeller la voix et le regard d'un homme qui vous a élevé, aimé, accompagné dans votre vie. Toute question est bonne à poser comme : comment il vous a attendu, pensé durant la grossesse ? Comment vous a-t-il accueilli à la naissance ? Qu'a-t-il

ressenti ? Vous êtes fils depuis longtemps et père en train de naître doucement alors cela mérite bien quelques échanges non ?

Je vais devenir père, et donc mon père va devenir grand-père !

Et puisque parler à son père, c'est aborder le sujet de votre devenir père, soit votre changement de place, ne serait-il pas temps de lui demander comment il vit ce passage à son statut de grand-père ? Et même si ce n'est pas son premier petit-enfant. Car chaque naissance est unique et chaque nouvel enfant entraîne du nouveau. Votre place dans la famille n'est pas celle de vos frères et sœurs, et donc l'arrivée de votre enfant est en soi différente. Votre père va changer de génération pour se transformer en grand-père, à sa façon. Il est donc, lui aussi, dans un processus de transformation. Vous vivez chacun à votre place un événement important de votre vie. L'occasion est trop belle de se rapprocher et de partager. Croyez-nous : cette petite ordonnance pour favoriser le dialogue sur le terrain père/fils sera une aide réelle. Cela vaut le coup d'essayer, non ?

MOI JE N'AI PAS LE CHOIX, IL N'Y A QUE LE FOOT À LA TV QUI ENDORME MON BÉBÉ...
NOOOOON ?!?!
OOOH LA CHANCE !!!
GROUPE DE PAROLE FUTURS PÈRES

Vos pairs-pères :

Des alliés pour franchir le cap

« Je ne pensais pas que ça me ferait ça. »

« Moi c'est ma femme qui m'a inscrit au groupe de parole et je n'avais pas envie de venir, mais cela lui faisait vraiment plaisir, donc j'y suis allé. »

« En fait, en écoutant les autres, je me suis rendu compte que je n'étais pas le seul à me poser ces questions qui, avant, me semblaient bizarres et que j'avais honte de poser. »

« C'est tout bête, mais sentir qu'on est pas tout seul à vivre ça, que d'autres sont passés par là, ben ça fait du bien! »

Ce n'est pas un scoop : d'autres sont devenus pères avant vous. D'autres ont, tout comme vous, traversé cette période avec plus ou moins de certitudes ou de doutes. Oui, les pères sont ainsi : parfois ils se sentent en sécurité, sûrs de leur place et avancent triomphalement dans cette grande aventure, fiers de leur statut de père en devenir, pendant que d'autres se perdent en questionnements interminables, parfois entravants.

Parler avec d'autres hommes qui savent déjà

Ces autres hommes, ce sont vos frères, vos amis, vos voisins, vos cousins, vos collègues, vos pairs donc. Des « supposés sachants », qui savent rire de leurs déboires de pères comme pour se serrer les coudes face à l'adversité. Et les thèmes ne manquent pas. Les émotions de leur femme, leurs humeurs changeantes, leur sentiment de ne jamais être au bon endroit au bon moment, l'accouchement et leurs expériences lues ou vécues, l'impuissance face aux contractions, la force du premier regard de leur enfant… Ils parlent même de leur propre corps qui, s'il n'est pas enceint, réagit lui aussi sensoriellement. Cette écoute qu'ils ont d'eux-mêmes et qu'ils

peuvent partager montre l'importance des pairs dans la construction de chacun.

Mais qu'est-ce que je vais bien pouvoir dire ?

Nos groupes de futurs pères nous ont touchés par leur capacité à s'offrir mutuellement une écoute si profonde et empathique. S'accorder un temps pour se retrouver ensemble n'est donc pas un luxe, et parler de ce qui se joue pour chacun peut devenir un vrai plus. La qualité de leur partage est un hymne aux groupes de parole, et si un message doit être transmis, celui-ci est simple : trouvez des espaces où ça parle, ne craignez pas d'être débordés et ne vous préoccupez pas si vous pensez n'avoir rien à dire. Personne ne sait avant de faire l'expérience du groupe ce qu'il va partager. Un groupe est une dynamique, et c'est l'ensemble des participants qui va nourrir le mouvement général.

Pourquoi écouter les autres parler ça peut m'aider moi ?

Quoi de plus normal que cette réticence. Soyons un peu cash : parler de soi n'est pas le réflexe premier des hommes. Oui, oui, ce propos est un constat sans appel. Mais ne pas être immédiatement conquis par nos propositions de se confier, c'est sans compter sur le charme de l'imprévu. Car au final nous pouvons vous le dire : les futurs pères qui viennent à nos groupes sont toujours surpris par ce qui surgit d'eux-mêmes. Ils ont assisté à leur propre métamorphose collective, à l'émergence d'une vraie joie à pouvoir se raconter, en toute simplicité. De leur intimité partagée, ils ont créé de véritables ressources. Ils ont su, en s'écoutant, prendre appui les uns sur les autres, s'identifier, se comparer pour se trouver. Ils ont su démontrer que, pour devenir père, il est indispensable de pouvoir prendre appui sur ses pairs.

GUIÇHET
1
BONJOUR. OÙ ALLEZ-VOUS ?
PATERNITÉ
AH ! UN ALLER SIMPLE ALORS ...

Finies les boîtes de nuit !

Changement de statut

« Je n'ose pas dire à ma femme que même après l'arrivée du bébé je vais avoir besoin de sortir de temps en temps avec les copains. »

« C'est étrange, depuis qu'elle est enceinte, les virées en boîte avec les amis, c'est plus du tout mon truc. Vous croyez que je suis devenu un vieux ? »

« La question qui m'obsède : comment on va faire, une fois que le bébé sera là, pour voir toujours nos amis qui n'ont pas d'enfant ? »

Vous voici dans une période charnière de votre vie. On vous présente d'ailleurs le plus souvent comme « le futur père » et non plus par votre prénom. À croire qu'un prénom, vous n'en avez plus. Ce changement notoire en dit long sur ce que vous allez devenir. Là est d'ailleurs toute la difficulté dans ce « être » en devenir... *Vous êtes en devenir*... Ce n'est déjà plus totalement comme avant, mais pas encore comme après.

Pas de panique : ce changement « d'être » dans votre statut de « devenir père » va se modifier au fil des événements qui jalonnent la grossesse. Il s'agit par exemple de l'annonce de la grossesse, des échographies, de la révélation du sexe de votre enfant, mais aussi des moments où vous sentez votre bébé bouger, puis bien sûr l'accouchement et votre première rencontre en chair et en os avec votre bébé, ainsi que ses premiers temps de vie...

Vous êtes comme un arbre

Et si vous rêvez si souvent, c'est aussi parce que votre enfance vous revient par bribes. Preuve que vous n'êtes pas seul mais bien lié à une lignée de pères qui vous a précédé. À commencer par le vôtre ! Un arbre ne pousse

pas sans racines. Le devenir père s'enracine dans votre propre enfance et, tel un arbre de la paternité, va se nourrir dans la terre paternelle, c'est-à-dire votre mémoire, votre histoire, pour se déployer.

Pour certains d'entre vous, les souvenirs de votre propre enfance sont plutôt doux et donnent une légèreté à ce qui vous attend. Pour d'autres, il en va tout autrement et un travail d'élagage sera peut-être à faire : comment mettre du clair dans ses propres souvenirs, parfois teintés de douleur ? Comment transformer ses anciens vécus tristes, blessants, douloureux, en quelque chose d'un peu stable sur lequel s'appuyer ? Comment assumer sa propre enfance ? Comment trouver une nouvelle place auprès de vos propres parents ? Pouvez-vous facilement quitter votre place de fils pour devenir à votre tour père ? Sur quoi pouvez-vous prendre appui ? Que de questions.

Accepter de regarder son histoire en face

Ça n'est pas parce que vous avez eu une enfance difficile que vous allez forcément être un « mauvais père ». Et puis, il n'y a pas une seule façon

d'être un « bon père ». De même, avoir vécu une enfance agréable n'est pas nécessairement le gage d'un bon devenir père. Non, il y a des récits familiaux, et chaque récit comporte ses exigences. On peut avoir eu des relations houleuses avec ses parents et trouver aisément son rôle dans sa propre paternité.

Le secret : accepter de regarder son histoire en face. La questionner permet de la transformer. Telle une digestion, elle allège les lourdeurs émotionnelles que peuvent créer certains ressentis ou souvenirs. Lors de nos échanges, de nombreux pères nous ont confié se sentir plus légers après ces temps de partage. Soyons clair : c'est le but ! Prendre soin des pères enceints c'est leur accorder des mots et du temps.

Devenir père : perdre sa jeunesse ou devenir « un homme, un vrai » ?

Être en devenir est un moment de transition, c'est comme quitter l'enfance pour passer dans le monde des adultes. Un jour, un père nous a dit : « Si je n'ai pas d'enfant, je ne serai jamais adulte ». Manière à lui de penser sa croissance vers le statut d'adulte.

Certains voient cette étape comme la fin d'une période de liberté, comme une jeunesse qui, tout à coup, prendrait sa retraite. Comme si vous entriez dans un entonnoir, réduisant les différentes voies d'avenir qui, jusqu'alors, vous semblaient encore possibles : non, vous ne serez finalement pas un super-héros, ni une star de la musique.

L'arrivée de votre enfant marque un engagement pour lequel la marche arrière n'est pas possible. Il semblerait que vous ayez pris un billet aller simple pour ce voyage au pays de la paternité. Partir définitivement vers une nouvelle contrée peut faire peur, en particulier pour un premier enfant, qui marque un grand saut dans l'inconnu. Craindre ce qui vient pour les siens, voilà ce qui s'appelle perdre sa jeunesse, soit perdre son insouciance. Ce père qui a partagé sa crainte de ne jamais devenir adulte si il ne devenait pas père est tout à fait l'image de ce passage d'un statut à l'autre. Perdre sa jeunesse c'est aussi gagner en maturité. C'est poursuivre son chemin de vie autrement.

Les questions qui font peur

Serai-je toujours important pour ma femme-amante lorsque le bébé sera là ? Va-t-on garder une vie sexuelle avec la même intensité ? Elle ne veut plus faire l'amour, mais moi j'en ai envie, comment faire ? Elle ne veut pas faire l'amour pendant la grossesse, alors est-ce que ça veut dire qu'elle ne voudra plus non plus après l'accouchement ? Aurai-je un peu de temps à m'accorder pour sortir avec mes amis ? Mes week-ends entre copains seront-ils bannis ? Aurai-je encore du temps pour moi, pour notre couple ? Aurai-je encore des espaces où me poser pour faire mes activités préférées ? Serai-je à la hauteur de ces nouvelles responsabilités ? Vais-je savoir prendre en charge ma nouvelle famille ? Qu'est-ce qui va me rester après tous ces changements ?

Vous verrez : vos proches qui sont déjà pères ont beaucoup de choses à vous dire sur l'arrivée de l'enfant, sur la place qu'il occupe, sur leur sentiment d'être un peu lâchés par leur conjointe. Leurs confidences vous seront utiles pour éviter peut-être quelques excès, comme la tentation de laisser tomber votre femme, ou votre femme et votre enfant, ou un soudain surinvestissement

professionnel, comme si votre vie au travail pouvait représenter une stabilité, un espace de sérénité psychique, un refuge. Si tout cela vous arrive, le mieux est de le partager avec votre compagne pour tenter de remodeler ensemble ces différents espaces de vie.

Vous allez tâtonner, adapter, inventer, réajuster, innover vos nouvelles places auprès de votre femme, auprès de vos amis, de votre famille, de votre enfant à naître. C'est en vous recentrant sur vous, sur vos envies, sur vos peurs, que vous arriverez à construire ces nouveaux aménagements. Vous allez vous surprendre, nous n'en doutons pas. Et d'ailleurs vous allez peut-être vous révéler sur votre versant féminin, ce qui ne remet absolument pas en cause votre virilité, votre masculinité.

La parole est essentielle pour vous et votre conjointe. Évoquer ensemble les souhaits, les craintes et les renoncements, ce n'est pas signe de perte de tout ce que vous aviez en tant que « non-père ». Bien au contraire. Vous n'êtes plus un enfant à qui on va dicter sa façon de se comporter. Vous avez la liberté de pouvoir créer votre vie à venir, de la faire évoluer au fil de vos désirs et de vos envies. Alors, profitez-en : soyez créatif !

ALLÔ... LE S.A.V. ?
!?!?!?
SAV

Le Kit du bon père

« j'fais quoi maintenant ? »

« Je suis vraiment obligé de couper le cordon du bébé ? Parce que, franchement, ça ne me dit rien du tout. »

« Les séances de préparation à l'accouchement, je trouve ça ridicule, mais je n'ose pas lui dire. »

« Est-ce que je dois être présent à l'accouchement de ma femme ? J'ai peur que ça nuise à notre vie de couple. »

C'est fou comme on ne peut pas imaginer les effets d'une parole reçue : « tu vas être père ». Une parole si simple et si forte en même temps. Celle qui prononce ces paroles sait qu'elle va être mère et vient de vous faire père. Dans la majorité des cas, vous n'avez pas choisi le moment où vous alliez

changer de statut. Le plus souvent, nous entendons qu'il y avait un projet d'enfant, que vous en parliez, que vous envisagiez un arrêt de contraception. Tout cela pourrait laisser croire que vous « saviez », donc que vous n'avez pas à être surpris. Et pourtant ! Entre envisager une grossesse et entendre : « on va être parents », il y a un monde. Cette nouvelle est le *premier jour du reste de votre vie.* Quand on vous l'annonce, il est de bon ton d'être heureux. Et en cas de doute ou de peur, vous savez que vous êtes prié de vous faire discret. Comme si les seuls affects tolérés étaient ceux de la joie et du bonheur.

Mais dis-moi papa, c'est quand qu'on va où ? Difficile de le savoir, quand on lit les guides consacrés aux bonnes pratiques paternelles. Ce que vous y trouverez ? Le fameux kit du bon père, valable pour tous, quel que soit votre âge et votre histoire, à tout moment utilisable sans modération pour une grossesse heureuse et un enfant en bonne santé !

Toutes les soi-disant bonnes attitudes à adopter en toutes circonstances — sans-sourciller-et-sans-broncher-merci — y sont détaillées par le menu : après tout, vous les nouveaux pères, vous l'avez bien cherché !

Selon ce type de guides, l'homme doit :

- soutenir sa femme à chaque instant
- être présent aux séances de préparation à l'accouchement
- faire de l'haptonomie, car il veut prendre sa place dès la grossesse
- être présent à l'accouchement sans même s'en poser la question
- couper le cordon, geste ultime.

Nous qui avons parcouru ces livres de conseils avons une seule question : « Et vous dans tout ça ? »

Faites comme vous le sentez, vous, et pas comme on vous dit de faire !

Tout comme le bébé imaginaire doit laisser la place au bébé réel, le père imaginaire doit se retirer au profit de la réalité de chaque homme, de chaque couple et des possibilités pour chacun de bricoler son destin paternel. Bien des pères répondent présents sur ces différents moments qui jalonnent la grossesse pour correspondre aux attentes sociales. Pour certains, nous

reconnaissons que chercher à se conformer à un modèle, c'est aidant. Mais d'autres se sentent obligés, contraints de coller à ce kit, pour ne pas passer pour des dégonflés. Le sentiment qui les envahit alors est d'être pris au piège.

Nous le regrettons et voulions vous le dire, messieurs. Car aucun modèle de prêt-à-penser unique ne vaut et aucune obligation ne doit venir se mettre en travers de votre parcours. Votre histoire particulière, votre identité singulière font que, non, il y a des choses que vous n'avez pas du tout, mais alors pas du tout envie de faire, et d'autres qui sont particulièrement importantes pour vous, alors que, par exemple, elles ne l'ont pas été pour votre père ou pour votre meilleur ami.

Les échanges dans le couple sont donc très importants pour situer les attentes de chacun et les compromis à réaliser. Il y a certes la grossesse à protéger mais il y a également un couple à préserver.

L'accouchement représente un moment fort et délicat, mais à vouloir effacer les différences entre chacun, père et mère, on en arrive à vouloir que le père soit une mère comme les autres. Or, soyons clairs, c'est non seulement impossible, mais aussi peu souhaitable.

Pour finir sur ces questions paternelles, on ne devient pas père à la naissance de l'enfant, même si certains d'entre vous évoquent que, dès l'instant où ils ont tenu leur enfant dans les bras, ils se sont sentis pères. Sachez que la plus grande majorité d'entre vous parle d'un « temps nécessaire », ce que nous appelons « un travail psychique ». Il s'agit d'une construction à faire dans la rencontre avec l'enfant.

MAIS... ENFIN !? MUSCLE TON JEU MA CHÉRIE !!!
SINON TU VAS AU DEVANT DE GRAVES DÉSILLUSIONS...
FAAAAUUTE LÀÀÀ !!!
OOOHH NOOON !!!
@ ⚡ ! #
MAIS C'EST PAS VRAI !!! POOOUUUSSSSSEEUU !!!

L'accouchement

Rester soi-même, trouver ses marques

« Mon meilleur ami s'est évanoui pendant l'accouchement de sa femme, alors, moi, franchement, y être, ça ne me dit rien ! »

« Je veux être là tout le temps, m'assurer qu'elle va bien, que tout se passe comme il faut, qu'elle ne souffre pas trop, que le bébé va bien. »

« J'ai envie d'y être, mais j'ai peur que ce que je vais voir ruine notre vie sexuelle. Ça a été le cas pour un de mes amis et sa femme. Donc je ne sais plus quoi faire. »

L'accouchement est un moment attendu tant par les femmes que par les hommes. Et nous le savons bien, si les hommes n'accouchent pas, ils sont tout autant dans les starting-blocks, sinon plus! Mais là s'arrête la comparaison. Les hommes ne sont pas des femmes. Les futurs pères ne sont pas des futures mères. Être présent à l'accouchement est pour eux une préoccupation de tous les instants pendant la grossesse. Faut-il y être ou non? Comment y être puisqu'on ne vous laisse pas le choix...? Et puis, tous vos copains vous en ont parlé pour vous y préparer, et ce qu'ils vous ont dit n'est pas sans vous inquiéter. Alors que faire?

Vous, vous avez le choix!

Et la différence est bien là. Elles n'ont pas le choix. Vous, vous avez le choix. Enfin vous « aviez » le choix, vous n'avez plus le choix. Maintenant que cet acquis, ce progrès (?) est bien là, reste à voir comment être un futur père en train d'accoucher sa femme ou en train d'assister sa femme en train d'accoucher, ou être un futur père «mort de trouille». Et là les choses se gâtent. En effet, on a cherché pour vous dans tout ce qui peut

s'écrire sur les futurs pères et leur rôle pendant l'accouchement. On a bien trouvé que vous deviez aider votre femme, la soutenir, l'encourager, la rassurer... mais on n'a rien lu sur qui vous soutient, vous, vous encourage, vous rassure. Rien de rien.

On vous veut en salle d'accouchement fort, solide, serein, adapté et, bien entendu, devinant au fil des contractions ce que vous devez faire et quand il faut le faire. L'exercice est ardu. Au point que quand les contractions s'annoncent, vous avez bien du mal à y croire. « Tu es sûre que c'est pour aujourd'hui ? » « Comment tu peux en être certaine ? » « Tu ne veux pas qu'on attende ? »

Et oui, c'est sa parole contre... sa parole ! Aussi, comme depuis le début de cette grossesse, vous allez devoir vous fier à votre femme, à ce qu'elle ressent et vous adapter. Quelle souplesse !

Mais la gymnastique a ses limites.

Si vous avez peur, ne le gardez surtout pas pour vous

La naissance, pour certains d'entre vous, vous confronte à une situation d'impuissance, de passivité qui peut être déstabilisante. D'ailleurs vous êtes

nombreux à admettre qu'ils ne s'y voient pas, et s'imaginent plutôt en mission ou en déplacement professionnel imposé. Un plan sur la comète qui n'est pas évoqué dans les manuels. Il est trop « hard »! Pourtant, quoi de plus compréhensible. Nous comprenons très bien ce sentiment et nous vous encourageons à le partager. Avoir peur n'est pas honteux et le garder pour soi est un risque de passage à l'acte et de fuite réelle. Il y a une différence entre vouloir échapper à ce qui arrive inexorablement — soit y penser, en rêver — et s'échapper vraiment dans la réalité en abandonnant femme et enfant.

La peur des hommes est un thème de la grossesse à part entière et nous regrettons que rien ne soit dit sur cette question majeure. Car la peur rend impuissant quand elle tétanise. Et être tétanisé de peur, c'est l'angoisse majeure. « J'espère que je serai à la hauteur » n'est pas une confidence à balayer en rigolant. Face à ce constat d'impuissance, de vulnérabilité, il y a des solutions. Elles sont propres à chacun. Tout homme doit tenter de fabriquer du familier dans un espace qui ne l'est pas : la salle d'accouchement, avec ses odeurs, ses bruits, ses sourires et ses cris. Une transformation de ces éléments bruts s'impose, pour mieux borner les incertitudes, les angoisses, les vôtres et celles de votre compagne.

Reporter, coach sportif, DJ ou âme sensible ? Trouver le domaine où vous êtes à l'aise

Tenir, soutenir, contenir. Mais dans quel ordre ? Inventer sa voie à partir de sa propre boussole, à partir des domaines dans lesquels vous êtes à l'aise, là est LA clé ! Pour contenir ce temps qui peut s'étirer sur de très longues heures, soyez vous-même et exprimez-vous dans ce qui vous correspond. Oubliez ce qu'on attend des hommes et soyez celui que vous êtes vraiment.

Le reporter prendra des photos pour capter par le regard les instants, prendre de la distance via l'appareil, cadrer ce qui se passe, et se permettre de revivre, ensuite, à distance, un moment partagé et pourtant vécu de façon isolée.

Le coach sportif, sensible à la question du corps, fera en sorte que sa femme se sente à l'aise, confortable, et montrera ses qualités de masseur au service d'une détente physique, émotionnelle, qu'il ressent aussi.

Le DJ aura préparé sa playlist « Accouchement Jour J » des plus beaux morceaux, doux ou rythmés, en accord avec ce qu'il sait aussi du désir de sa femme et de ses besoins. Il peut ainsi réussir à fabriquer une enveloppe sonore, un contenant nécessaire pour border les angoisses et les émotions trop fortes qui submergent.

L'homme sensible, identifié à sa femme accouchant et à ce qu'elle est en train de vivre, lui demandera si elle ne souffre pas trop, s'il faut plus de péridurale, s'il doit appeler la sage-femme ou s'il peut calmer sa douleur en la massant, ou en l'installant autrement...

Peut-être vous-même allez vous bricoler un tout autre costume, qui vous correspond encore mieux. Ce qui reste important dans ce moment, c'est de « transformer les éprouvés en éléments mis en sens »... Heu oui pardon ;-), nous voulions dire « trouver ses marques en réalisant petit à petit ce que vous êtes en train de vivre ». Objectif : rester droit dans ses bottes !

Concrètement, si on assiste à l'accouchement, comment faire pour vivre ce moment au mieux ?

Pour compléter notre propos, quelques mots pour vous parler du regard. Car croyez-nous, la question du « voir » en salle d'accouchement, ce n'est pas rien ! C'est un sens très convoqué dans ces instants, puisque vous êtes pris dans l'envie de voir, à laquelle se mêle parfois aussi la déception de ne pas pouvoir accoucher. Certes, c'est étrange, mais le temps de l'accouchement

est un temps où vos imaginaires naviguent dans des inattendus parfois bien déstabilisants. D'où notre petite proposition numéro deux (juste après LA clé) pour vous encourager cette fois à ne pas rester dans le seul désir de voir à tout prix, mais bien d'aller au-delà de votre envie. Voir pour savoir. Ce qui revient à regarder en transformant ce que votre regard fixe. Seul, c'est compliqué. Alors n'hésitez pas, n'ayez pas peur, ne pensez pas que vous allez déranger votre femme, le médecin ou la sage-femme en parlant. Posez vos questions à haute voix pour ne pas rester seulement confronté à une scène que vous regardez. Les professionnels présents sauront vous répondre et ce décryptage va vous permettre de prendre une autre place. Un « savoir-y-faire avec » au lieu d'un « voir sans rien y pouvoir faire ».

Un détail ? Non une modification concrète pour que vous deveniez un père qui accouche, un père qui est un acteur réel de ce qui se vit. Il s'agit non pas pour vous d'être « à côté » de votre femme mais « avec ».

Devenir père n'est pas une mince affaire, aussi à vous d'inventer votre propre boîte à outils pour la grossesse, l'accouchement et, au terme de ce livre, pour la suite à construire en famille.

Vous voilà passés de deux à trois. Une réalité qui va vous nourrir chaque jour de son lot de moments extraordinaires, certains drôles et passionnants, d'autres beaucoup moins.

Non, vous ne trouverez pas de mode d'emploi glissé sous le berceau, ni de numéro SAV. Votre bébé, une fois que vous l'aurez, vous n'allez pas le rendre à la cigogne.

Oui, vous allez expérimenter. Vous allez tâtonner. Vous allez faire des trouvailles dont vous ne vous pensiez pas capable. Vous allez, votre femme et vous, et elle dans son coin, et vous de votre côté, passer par des périodes normales de doutes et de questionnements.

Mais nous en sommes intimement convaincus : c'est en prenant une part active, c'est-à-dire en étant vous-même et non pas ce que l'on veut que vous soyez, que vous allez transformer cet inconnu en connu et créer vos repères si singuliers. Des repères qui n'appartiennent qu'à vous et dont vous pourrez être fier.

Ces derniers mots sont une forme de synthèse de tout ce que nous voulions vous transmettre. Le souhait que vous preniez votre paternité en main, même si la société d'aujourd'hui tend à vouloir donner des recettes clés en

main, effaçant les différences de chacun, empêchant la mise en récit des histoires singulières. Ne tombez pas dans le piège des conseils normés de certains experts qui vous empêchent de penser. Comment les reconnaître? C'est simple: quand on vous affirme comment on naît père, ce que doit faire un père. Quand le dialogue est en réalité un monologue avec « un sachant » qui impose sa vision des choses et, tout compte fait, vous infantilise à votre tour. Quand vous réalisez que l'échange ne laisse aucune place à votre pensée.

Chaque information donnée doit vous permettre de vous questionner. On va vous dire ce qui est mieux en général, et c'est légitime. Mais ensuite, prenez le temps de vous demander ce qui est mieux pour vous, votre couple, votre bébé. Là se cache votre histoire, votre propre créativité parentale.

Nous avons tenté de vous rendre les plus vivants possible les mots de ceux qui se sont prêtés à la confidence. Ils l'ont fait en sachant que nous allions coucher leurs confidences sur le papier et qu'un jour vous les lirez. Ils l'ont fait pour eux. Mais ils l'ont fait aussi pour vous. Nous les remercions de leur confiance. Et nous vous remercions, vous aussi, pour votre courage, pour votre singularité d'homme. Et pour votre dignité.

Paternellement vôtre!

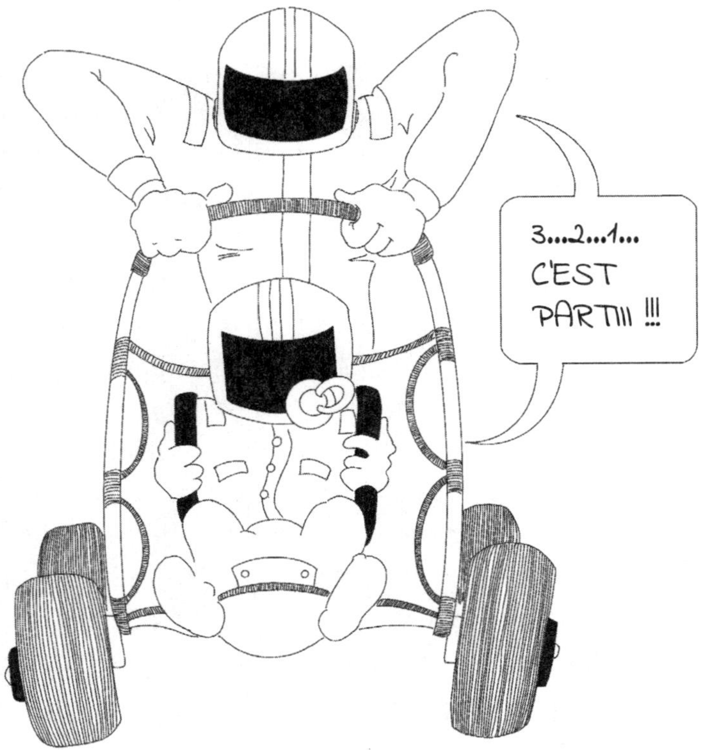
3...2...1... C'EST PARTIII !!!